Ullstein Krimi

Ullstein Krimi
Ullstein Buch Nr. 10180
im Verlag Ullstein GmbH,
Frankfurt/M – Berlin – Wien
Übersetzt von Brigitte Walitzek
und Dolf Strasser

Umschlagentwurf:
Noth + Hauer, Berlin

Printed in Germany 1982
Gesamtherstellung:
Ebner Ulm
ISBN 3 548 10180 1

November 1982

In der Reihe
Ullstein Bücher
Alfred Hitchcocks
Kriminalmagazine

Band 100 (1925)
Band 102 (1943)
Band 103 (1949)
Band 104 (1955)
Band 105 (1961)
Band 106 (1973)
Band 108 (1985)
Band 109 (1991)
Band 110 (10006)
Band 111 (10018)
Band 113 (10035)
Band 114 (10039)
Band 115 (10043)
Band 116 (10051)
Band 117 (10055)
Band 118 (10059)
Band 135 (10156)
Band 136 (10160)
Band 137 (10164)
Band 138 (10168)
Band 139 (10172)
Band 140 (10176)

CIP-Kurztitelaufnahme
der Deutschen Bibliothek

Alfred Hitchcocks Kriminalmagazin. –
Frankfurt/M; Berlin; Wien: Ullstein
Einheitssacht.: Alfred Hitchcock's
mystery magazine <dt.>

NE: Hitchcock, Alfred [Hrsg.]; EST

Bd. 141. Zwölf Kriminalstories mit Pfiff
und Pointe / hrsg. von Walter Spiegl.
[übers. von Brigitte Walitzek u. Dolf
Strasser]. – 1982.
(Ullstein-Buch; Nr. 10180:
Ullstein-Krimi)
ISBN 3-548-10180-1
NE: Spiegl, Walter [Hrsg.]; GT

ALFRED HITCHCOCKS KRIMINALMAGAZIN

BAND 141

ZWÖLF KRIMINALSTORIES
MIT PFIFF UND POINTE

Herausgegeben
von Walter Spiegl

Ullstein Krimi

Inhalt

Ron Goulart

Weihnachten im Gefängnis

Alle gingen um den sterbenden Mann herum, wichen dem Körper aus, verließen sogar den Gehsteig im Park, der ins Licht der späten Nachmittagssonne getaucht war. Der Mann lag mit dem Gesicht nach unten auf dem Gehsteig, ein schwerer Mann von etwa sechzig Jahren, der einen zerknitterten Tweedanzug trug. Seine Beine berührten das kurzgeschorene Gras der leicht abschüssigen Wiese im Central Park.

Scrib Merlin murmelte: »Schon wieder ein heruntergekommener Säufer«, und wäre fast ebenfalls vorbeigegangen. Aber dann erkannte er den Anzug und das kurzgeschnittene graue Haar.

Er kniete sich neben den Mann und berührte ihn leicht. »Yogo, was ist denn los?« Vorsichtig versuchte er, ihn in eine sitzende Position aufzurichten.

In dem Augenblick sahen alle das Blut, alle die Leute, die nach dem Arbeitstag die Abkürzung durch den Park auf dem Nachhauseweg benutzten. Die meisten von ihnen blieben stehen, bildeten einen lockeren Halbkreis um Scrib und den Mann, auf dessen Brust sich ein roter Fleck immer weiter ausbreitete.

»Scrib, alter Junge«, sagte Yoyo Hobbs, als der Blick seiner glasig werdenden Augen auf ihn fiel.

Scrib legte den Arm um die Schultern des Sterbenden und sagte zu der herumstehenden Menge: »Warum ruft denn keiner einen Krankenwagen?« Drei schlanke Männer in Jogginganzügen, die vorbeigingen, fühlten sich angesprochen.

»Erstochen«, murmelte eine zerbrechlich aussehende Frau. »Erstochen, und dabei ist es noch nicht einmal dunkel.«

»Bezahlung«, murmelte Hobbs. »Scrib, er hat mich reingelegt. Keine Bezahlung –«

»Wer? Wer hat dich erstochen, Yoyo?«

»Viel Geld, sehr viel –«

Scrib näherte sein Gesicht dem des älteren Mannes und wiederholte mit drängender Stimme: »Wer war es?«

Die gaffende Mange wurde immer größer. Bestimmt waren es

inzwischen vierzig Leute, die sich immer dichter heranschoben, starrten, flüsterten.

Auch Hobbs nahm sie wahr. »Publikum, was? Zu viele Ohren«, flüsterte er. »Aber – ich sage es dir.«

Scrib näherte sein Ohr den sich bewegenden Lippen. »Okay, sag es mir.«

»Es war – es war Weihnachten im Gefängnis, und – er war – derjenige – der noch nie einen Witz erzählen konnte.«

Dann gab Yoyo ein seltsames Geräusch von sich. Ein Geräusch, das man nicht oft zu hören bekommt. Das Geräusch, das Menschen machen, wenn sie sterben.

»Hier kommt ein Polizist«, sagte jemand.

»Zu spät«, sagte die zerbrechliche Frau. »Sie kommen immer erst, wenn man schon tot ist.«

Dunkelheit füllte den Raum zwischen seinem staubigen Bürofenster und der Backsteinwand auf der anderen Seite der engen Straße. Scrib, der vornübergebeugt an seiner Schreibmaschine saß, tippte mit zwei Fingern die letzte Zeile des Werbespots für das Hotel Dunkirchen.

»Das verkehrgünstig gelegene Hotel in Manhattan mit den vorteilhaften Preisen, wo Besucher von auswärts mit Vorliebe absteigen«, las er laut von dem gelben Papier ab. Dann murmelte er: »Wer möchte heute schon noch in der Eighth Avenue wohnen? Doch nur wirkliche Hinterwäldler, die keine Ahnung haben, was da los ist.«

»Ich wette, wenn du deinen Verstand, der, soweit ich das beurteilen kann, nicht unbedingt zu den schlechtesten gehört, einmal anstrengen würdest, könntest du deiner Arbeit auch positive Seiten abgewinnen, Scrib«, sagte die junge Frau, die aufrecht und mit fest geschlossenen Beinen auf dem einzigen anderen Stuhl saß. Sie war hübsch, schlank und blond. »Nimm zum Beispiel meinen Fall. Mir geht es einfach prima, oder zumindest prima nach den bescheidenen Maßstäben, die ich anlege, in meiner Stellung als freiberufliche Cartoonzeichnerin für den ›National Buffoon‹, und doch wäre ich viel lieber gewinnträchtig beschäftigt bei meiner ersten Liebe, die –«

»Du wirst als Aktmodell niemals groß rauskommen, Salty.« Scrib zog das Blatt aus der alten Schreibmaschine und legte es in den Korb, mit der Aufschrift »Ausgang«.

»Das ist eine negative Einstellung.«

»Der durchschnittlich schwachköpfige Leser von Magazinen mit nackter Haut zieht es vor, sich an Mädchen zu ergötzen, die einen bedeutend griffigeren Körper haben als du.«

»Trends kommen und verschwinden, darum geht es doch bei der Massenkultur«, beharrte Salty Warbeck. »In einem Jahr liebt man's mollig, im nächsten –«

»Aber der Trend wird nie auf knochig stehen«, meinte er stirnrunzelnd. »Du wirst nicht erleben, daß man jemals Aktmodelle mit Ballettrattenfiguren suchen wird.«

Salty lächelte. »Ich bin schlank, nicht knochig.«

»Ich mag dich genauso wie du bist«, sagte er. »Aber ich habe auch keinen Massengeschmack.«

»Unterschätze dich nicht, Scrib, denn, einmal ehrlich, wenn du nicht dazu in der Lage wärst, dich mit der Masse zu identifizieren, könntest du nicht hier bei Amthrax & Co. arbeiten, und zwar mit so großem Erfolg.«

»Ich habe überhaupt keinen Erfolg«, sagte er. »Was zum Beispiel der Grund dafür ist, daß ich abends um sieben noch hier zu finden bin und dumme Werbesprüche für das Dunkirchen und Waterloo Hotel heruntertippe, zwei von Manhattans –«

»Mr. Amthrax hat mir einmal gesagt, als ich ihm im Aufzug begegnet bin, daß du sehr großen –«

»Du bist ein attraktives Mädchen, und da ist es nur natürlich, daß er dich anlügt«, sagte Scrib. »Mich dagegen brüllt er an und nennt mich trübe Funzel und Erbsengehirn. Du kannst dir nicht vorstellen, wie es ist, wenn man zweiunddreißig ist und es sich gefallen lassen muß, daß ein Zwerg –«

»Er ist kein Zwerg, er ist ein Knirps.«

Scribs zuckte mit den Schultern. »Wie auch immer, jedenfalls ist er kleiner als ich, und er hat eine eigene Agentur, obwohl er nur ein paar Jahre älter ist als ich. Wenn ich es doch nur als Komiker geschafft hätte, anstatt –«

»Ich weiß, weshalb du heute so besonders muffig bist.« Salty stand anmutig auf und ging zu seinem zerkratzten Schreibtisch. »Es ist, weil du diese Leiche im Park gefunden hast.«

»Er war noch keine Leiche, als ich ihn fand«, sagte Scrib. »Yoyo lebte noch, und er versuchte, mir etwas zu sagen. Etwas Wichtiges.«

»Soll die Polizei sich doch darüber Sorgen machen«, sagte sie und berührte seine Schulter.

»Die wissen nichts davon.«

»Aber ist das nicht gegen die Regeln? Ich meine, wenn man eine Botschaft von einem Sterbenden hört, ist man dann nicht verpflichtet, die Behörden zu benachrichtigen?«

»Es verstößt nicht direkt gegen ein Gesetz, Salty.«

»Bist du nicht schon einmal durch eine ähnliche Geschichte in Schwierigkeiten geraten?«

»Nicht ganz.«

»Oh doch, es war auch ein sterbender Komiker, und du hast mir davon erzählt, Scrib. Du scheinst dich darauf zu spezialisieren, Komiker zu finden, die im –«

»Die andere Sache ist schon drei Jahre alt, und damals hat der betreffende Komiker mich gefunden«, sagte Scrib. »Heute bin ich nur durch den Park gegangen, auf meinem Weg von dieser schwachköpfigen Lincoln Center Bibliothek, und – nun, da lag Yoyo Hobbs und machte alle Anstalten zu sterben.«

»Du mußt dich wirklich schrecklich fühlen, wenn man bedenkt, daß du gerade einen Freund gefunden hast, der sein Leben ausblutet –«

»Yoyo war nicht eigentlich ein guter Freund von mir«, korrigierte Scrib. »Er hat vor ein paar Wochen ein paar Fernsehspots für unsere Nüsse-und-Knabbergeschäfte gemacht. Yoyo spielte eine singende Walnuß. Ursprünglich war er als Erdnuß vorgesehen, aber –«

»Trotzdem, er war jemand, den du kanntest, und wo du selbst ein Komikerfan bist, hast du bestimmt oft mit ihm über die Zeiten geredet, in denen er noch ganz groß im Fernsehen war.«

»Yoyo war nie ganz groß im Fernsehen – er ging als zweitklassige Banane durchs Leben«, sagte Scrib, »womit er immer noch ein paar Bananen größer war als ich.«

»Vielleicht könntest du immer noch versuchen, ein Engagement als Komiker zu finden.« Salty streichelte seine andere Schulter. »Schließlich ist zweiunddreißig ja noch nicht –«

»Es ist zu spät«, sagte er schnell. »Was mir jedoch sehr gefallen würde wäre, eine eigene Agentur zu haben. Nur eine kleine, mit wenigen Kunden, spezialisiert auf humoristische Texte. Ich weiß, daß ich die Nüsse-und-Knabber-Show viel besser –«

»Aber das würde doch eine ganze Menge –«

»Geld kosten, ja, ich weiß.« Er stand auf. »Aber ich habe nachgedacht. Wenn ich den Mord an Yoyo lösen kann, bekomme ich vielleicht das Geld, das ich brauche.«

»Ist denn eine Belohnung ausgesetzt worden?« Ihre hübschen, graugrünen Augen weiteten sich.

»Wer würde denn schon eine Belohnung aussetzen für die Aufspürung des Mörders eines zweitklassigen Komikers? Ich rede von folgendem«, sagte er, trat ein paar Schritt von ihr weg und auf die Tür zu. »Nach Yoyos Worten bin ich zu dem Schluß gekommen, daß er etwas in der Hand hatte, das ihm viel Geld einbringen sollte.«

»Aber vielleicht hat er auch nur sinnloses Zeug geredet. Das tun Leute oft, wenn sie sterben.« Salty folgte ihm in den kleinen, nur trübe beleuchteten Empfangsraum der Agentur Amthrax & co. »Sie reden über Dinge, die sie getan haben, die sie besessen haben, die sie verpaßt haben. Wie Orson Welles in ›Citizen Kane‹, als er sich an den Wagen erinnert, der –«

»Schlitten«, sagte er. »Und Yoyo war keineswegs am Spinnen, er versuchte verzweifelt, mir etwas Wichtiges mitzuteilen.« Scrib schüttelte den Kopf. »Das Dumme ist bloß, daß er die vielen blöden Gaffer bemerkte und vorsichtig wurde. Er versuchte mir zu sagen, wer es war, ohne daß die anderes es mitbekamen.«

»Was hat er noch mal geflüstert? Irgend etwas mit Weihnachten?«

»Er sagte: ›Es war Weihnachten im Gefängnis, und er war derjenige, der noch nie einen Witz erzählen konnte.‹«

»Ist ja die falsche Zeit für Weihnachten.« Salty hustete in ihre schmale Hand. »Mir kommt es so vor, als hätte er nur sinnloses Zeug geredet, so wie die Leute es oft –«

»Nein, er gab mir einen wichtigen Hinweis.«

»Also, was bedeutet es?«

»Im Augenblick weiß ich das auch nicht«, gab Scrib zu. »Aber vielleicht fällt mir mehr ein, wenn ich seine Wohnung durchsucht habe.«

Sie waren nicht die ersten.

»Er hat die Feuerleiter benutzt«, sagte Scrib aus dem kleinen Schlafzimmer der Wohnung des verstorbenen Komikers. »Hat das Fenster geknackt und einen dreckigen Fußabdruck auf dem Teppich hinterlassen.«

Salty, die zögernd zwischen dem Schlafzimmer und dem chaotischen Wohnzimmer stehenblieb, sagte: »Ich hoffe, du wirst meinen Vorschlag in dem Sinn akzeptieren, in dem er gemacht wird, Scrib. Laß uns hier verschwinden. Und laß uns jetzt gleich die Polizei anrufen und –«

»Und sagen, daß wir zufällig in Yoyo Hobbs' Wohnung eingebrochen sind, indem wir die Eingangstür gewaltsam öffneten, und dabei feststellen mußten, daß vor uns schon ein anderer Einbrecher dagewesen ist?«

»Hör zu, da fällt mir gerade ein, daß die Polizei das gewesen sein könnte«, meinte Salty und sah sich hoffnungsvoll um, machte sogar ein paar zögernde Schritte in das Zimmer hinein.

»Blödsinn, normalerweise schleichen die sich nicht durchs Fenster hinein, und außerdem treten sie sich vorher die Füße ab.« Scrib warf einen bösen Blick auf den Fußstapfen auf dem schäbigen falschen Perser. »Dieser Typ hier hat überhaupt nicht versucht, irgend etwas zu vertuschen. Die Schubladen sind rausgezogen, die Matratze umgedreht – er wollte, daß man die Sache als Einbruchdiebstahl ansieht. Nur –«

»Nur was?« wollte Salty wissen.

»Nur daß er kein Einbrecher von der üblichen Sorte war«, sagte Scrib, ging um Salty herum und betrat das kleine Wohnzimmer. »Er hat nicht einmal den Fernseher mitgenommen, oder den Radiowekker an Yoyos Bett.«

»Der Fernseher ist ziemlich alt«, sagte sie. »Wahrscheinlich wäre nur das Museum für Film und Fernsehen an so einem Relikt interessiert.«

»Und sieh dir das an!« Scrib betrachtete den Kalender, der auf dem wackligen Schreibtisch an der Wand lag. »Vom letzten Monat fehlen sechs Tage, einfach herausgerissen.«

»Vielleicht hat dein Freund Yoyo das selbst getan.«

Mit dem Kalender in der Hand setzte Scrib sich auf das grüne Sofa. »Vom siebzehnten bis zum zweiundzwanzigsten März. Was kann er da nur gemacht haben?«

»Vielleicht war er auf der Parade am St. Patrickstag.«

»Lassen wir mal einen Augenblick die scharfsinnigen Bemerkungen, ja?« Und dann hielt Scrib inne und schnippte mit den Fingern. »Das war die Woche, in der Yoyo mich anrief und mich fragte, ob ich einen Videokassettenrecorder hätte. Ich wies ihn darauf hin, daß ich mir von meinem Gehalt bei Amthrax, einem Gehalt, von dem nicht einmal ein Zwerg –«

»Knirps.«

»Daß ich mir davon kaum einen gebrauchten Fernseher leisten könne, geschweige denn ein Videogerät«, sagte Scrib. »Yoyo sagte, er brauche dringend eines, aber als ich vorschlug, er solle doch ein Gerät in den Audio-Video-Studios benutzten, wo wir unsere Werbesendungen aufnehmen, sagte er, er hätte etwas, das er sich ganz privat ansehen wolle.«

»Einen Pornofilm«, schlug Salty vor und setzte sich auf den dicken Arm des Sofas, das daraufhin ein pfeifendes Stöhnen von sich gab. »Davon gibt es nämlich Hunderte, wie du vielleicht weißt, in denen man alle Arten von üblen –«

Scrib schüttelte den Kopf. »Yoyo war ein alter Mann, aber kein schmutziger alter Mann. Nicht etwa, daß er moralisch oder besonders vertrauenswürdig gewesen wäre, aber an Porno lag ihm nun einmal nichts.«

»Und was hat sein Wunsch, sich dringend ein Videoband ansehen zu wollen, ganz privat, mit den fehlenden Kalendertagen zu tun?«

»Das weiß ich nicht genau«, sagte Scrib, stand auf und legte den Kalender auf den Schreibtisch des toten Komikers zurück.

»Weißt du, wo er dann schließlich seine Kassette gesehen hat?«

»Nein.« Scrib stand jetzt mitten im Raum und sah sich langsam um. »Verflucht, er hat mir doch versichert, daß bei der Sache irgendwo ganz großes Geld zu machen sei.«

»Und er wurde umgebracht«, erinnerte Salty ihn.

Das Dachatelier war lang und schmal, ein riesiger Raum, der ziemlich planlos in verschiedene Bereiche eingeteilt war. Den meisten Raum nahm Saltys Arbeitsbereich ein, der abgesehen von ihrem gelbangestrichenen Zeichenbrett vollgestopft war mit einem halben Dutzend nicht zueinanderpassender Stühle, Imitationen griechischen Vasen, Gipsabgüssen klassischer Skulpturen, einem Skelett mit fahrbarem Ständer, Schals, Stiefeln, Pfauenfedern in einem Krug aus grünem Glas, einem Einweckglas voll bunter Glasmurmeln, einem Blechaffen der trommelte, wenn man ihn aufzog, aber inzwischen einen seiner Trommelstöcke verloren hatte, einem spitzenbesetzten BH aus schwarzer Seide, einem leeren Banjokoffer, Stapeln von Ausgaben des *National Buffoon,* einer gerahmten Cartoonzeichnung von *Krazy Kat,* die an einem Hutständer in Form eines Adlerkopfes lehnte, einem roten Rollschuh und einem Buddha aus Steinzeug, etwas über einen halben Meter hoch, der mitten in seinem geschwollenen Bauch einen Schlitz für Münzen hatte.

Scrib saß auf einem Stuhl, der aus einer Eisbar geklaut war, rutschte unruhig herum und sah sich geistesabwesend das Programm im Fernsehen an, der im angrenzenden Wohnbereich stand.

Die Wohnung war reich an Fenstern, die in die hohen Stirnwände und in die Decke eingelassen waren. Die meisten Wandfenster reichten bis zum Fußboden herab und lagen in Nischem mit Bänken davor. Salty saß auf einer davon und zog die Stiefel aus. »Mein Vorschlag wäre, falls es dir nichts ausmacht, den gutgemeinten Rat zu akzeptieren, die ganze Sache zu vergessen.«

»Ich werde das große Geld auf gar keinen Fall vergessen«, sagte Scrib und drehte sich zu ihr um. »He, denk doch mal daran, was ich dir gesagt habe. Die alten Fenster da sind gefährlich. Die meisten davon sind so schwach, daß sie zusammenfallen werden, wenn du dich so dagegen lehnst, und eines Tages wirst du durchbrechen und –«

»Es sind doch nur fünf Stockwerke.« Sie zog den zweiten Stiefel aus. »Du bist, und vergiß bitte nicht, daß ich dich wirklich von Herzen gern habe, ein Mensch, der den Teufel an die Wand malt. Ich wohne jetzt seit – wie lange ist das schon her? – sechzehn Monaten hier, und ich bin noch nie aus dem Fenster gefallen.«

»Einmal hinausfallen reicht ja auch.«

Mit einem besänftigenden, leisen Schnurren stand sie auf. »Wenn ich für die zahllosen Male, an denen du mir –«

»Zahlen!« schrie Scrib und sprang auf.

»Was ist denn jetzt los?«

Er hämmerte sich mit beiden Fäusten gegen die Brust, so wie Schauspieler in Stummfilmen es taten, wenn sie große Sünden eingestanden. »Ein verdammter Witz! Warum erzählen mir all die verdammten sterbenden Komiker verdammte Witze? Warum sagen sie nicht einfach –«

»Hast du vielleicht zufällig auf geniale Weise herausgefunden, was Yoyo Hobbs in seinen letzten Minuten auf dieser schönen Welt sagen wollte?«

»Es ist ein Witz, ein uralter Witz, den Yoyo trotzdem immer wieder erzählte«, sagte er, als er sich langsam wieder auf den schmiedeeisernen Stuhl sinken ließ. »Einer seiner Lieblingswitze. Ich habe ihn mindestens ein Dutzendmal gehört und hätte mich eigentlich gleich erinnern müssen.«

»Wie geht denn der verdammte Witz?« Sie tänzelte auf ihren hübschen nackten Füßen auf ihn zu.

»Es ist Weihnachten im Gefängnis«, erklärte er. »Ein Sozialarbeiter macht zur Essenszeit seinen Besuch bei den Gefangenen, begleitet von einem Wärter. Plötzlich steht einer der Gefangenen auf und sagt: ›Einhundertsechsundneunzig‹, und alle anderen fangen an zu lachen. Ein anderer Insasse springt auf und sagt: ›Siebenundzwanzig‹, und die ganze Bande hält sich den Bauch vor Lachen. Selbst der Wärter schmunzelt. ›Achtundfünfzig‹, sagt ein anderer und erntet einen riesigen Lacherfolg. Der Besucher fragt den Wärter, was zum Teufel hier vorgeht, und der Wärter erklärt, daß die Gefangenen sich Witze erzählen, bloß haben sie sie schon so oft gehört, daß sie sie alle auswendig kennen, und um Zeit zu sparen nur noch die Nummer des Witzes nennen. Genau in diesem Augenblick tattert ein zerknitterter uralter Gefangener herbei und sagt: ›Zweihundertdreißig‹. Kein Mensch verzieht auch nur den Mundwinkel. Der Sozialarbeiter fragt warum, und der Wärter erklärt: ›Oh, der konnte noch nie einen Witz erzählen.‹ Und genau das ist es, auf was Yoyo angespielt hat.«

Saltys Gesicht war ausdruckslos. »Es ist kein besonders guter Witz, selbst wenn ein Sterbender ihn erzählt.«

»Er wollte mir die Nummer mitteilen«, sagte Scrib. »Ganz sicher, zweihundertdreißig.«

Sie runzelte die von spärlichen Sommersprossen bedeckte Nase.

»Bist du sicher, daß das auch die Zahl ist, die er immer benutzte –«

»Ja, ja. Ich habe den Witz oft genug gehört. Er wurde um vier Uhr erstochen. Zwei Uhr dreißig kann also nicht die Zeit des Überfalls gewesen sein.«

»Eine Hausnummer?«

»Könnte sein, aber er wurde im Park gefunden, und die Polizei meint, er könne höchstens ein paar hundert Meter weitergeschwankt sein, nachdem er zwischen den Bäumen erstochen wurde. Ein hübsches, abgelegenes Plätzchen, ohne auch nur einen einzigen Zeugen.«

»Vielleicht ist es die Nummer eines Schließfachs?«

»Falls es ein Schließfach wäre, hätte er bestimmt versucht, mir einen Schlüssel oder so was zuzustecken.«

»Vielleicht war er schon zu schwach, um noch nach dem Schlüssel zu suchen.«

»Zweihundertdreißig. Was für Nummern haben Taxis eigentlich? – He, sieh mal!« Er deutete auf den Fernsehschirm, den er immer im Blickfeld gehabt hatte.

»Läufer«, sagte sie verwirrt. »Heute nachmittag fand ein Zehn-Kilometer-Lauf im Park statt. Unter dem Motto ›Führungskräfte für Fitness‹, glaube ich. Ich habe im ›National Buffoon‹ den Aufruf gelesen.«

»Siehst du, was die Leute auf dem Rücken haben?« Scrib rannte zum Fernseher und stellte die Lautstärke höher.

»Über vierhundert Führungskräfte, männlich wie auch weiblich, nahmen am Lauf heute nachmittag teil«, sagte der Kommentator, »und wenn Sie genau hinsehen, können Sie mich ganz am Ende erkennen. Sehen Sie, wie ich mich in meinem orangefarbenen Trainingsanzug abmühe? Nummer 316 – und ungefähr als dreihundertsechzehnter bin ich auch ins Ziel gekommen.«

Scrib stellte den Ton wieder ab. »Der Lauf fand statt, während Yoyo ermordert wurde«, sagte er und trommelte mit den Fingern auf den Bildschirm. Die Joggingparade wurde ausgeblendet, danach folgte die Großaufnahme einer Schüssel mit dampfender Nudelsuppe. »Nehmen wir einmal an, sie hatten ein Treffen vereinbart, Salty. Ein Läufer schlägt sich für ein paar Minuten in die Büsche, um Yoyo zu treffen. Yoyo hatte etwas zu verkaufen, und nun sollte die

Geldübergabe stattfinden. Stattdessen bekam er ein Messer zwischen die Rippen.«

»Eine Videokassette?« meinte Salty? »Ist es das, was Yoyo verkaufen wollte?«

»Das muß es sein.« Er zappelte auf der Stuhlkante herum und schlug mit dem Fuß einen hektischen Rhythmus auf dem Holzboden. »Der Mörder nimmt die Kassette, und anstatt das Geld zu übergeben, zieht er ein Messer. Ja, man kann eine Kassette und ein Messer problemlos unter einer Trainingsjacke verbergen.«

»Und jetzt«, sagte Salty, »wäre der günstige Zeitpunkt gekommen, um die Polizei anzurufen.«

»Nein, jetzt ist der günstige Zeitpunkt, um herauszufinden, wer heute nachmittag die Nummer zweihundertdreißig hatte.«

»Diese Nummer, lieber Scrib, könnte auch zu einem Postfach gehören –«

»Es könnte sich auch um die Taillenweite eines Elefanten handeln«, sagte er. »Aber versuchen wir doch einfach mal, sie mit einem der Läufer in Verbindung zu bringen.«

Sie seufzte. »Vielleicht kann ich morgen früh Roscoe anrufen.«

»Roscoe?«

»Roscoe Chu – er gibt die ›Gotham Running Tab‹ heraus«, erklärte Salty. »Die bringen jedes lokale Rennen, haben die Namen aller Teilnehmer.«

»Muß ja eine unheimlich interessante Lektüre sein.«

»Wenn du selbst Läufer wärst, würdest du bestimmt anders denken. Auf jeden Fall hat Roscoe bestimmt die Liste der Teilnehmer vom Rennen heute nachmittag.«

»Schön. Dann stell mal fest, wer die Nummer zweihundertdreißig hatte und auf welchem Platz er durchs Ziel ging. Meiner Meinung nach müßte er ziemlich weit hinten gelegen haben, weil er mindestens ein paar Minuten Zeit brauchte, um die Sache mit Yoyo zu erledigen.«

»Bist du sicher, daß du –«

»Ich bin ganz sicher«, sagte er.

Am nächsten Abend regnete es in Strömen, ein richtiger Sturzbach, der gegen Saltys viele Fenster trommelte.

Salty, gekleidet in alte Jeans und ein altes College-Sweat-Shirt, saß an ihrem Zeichenbrett vor einem fast leeren Blatt und kaute auf ihrem Stift herum. »Im Grunde genommen«, sagte sie, »ist es ein Verbrechen.«

»Stimmt«, mußte Scrib, der sich in einem fast authentischen Morrissessel flegelte, ihr recht geben. »Genau wie Mord.«

»Nur weil dieser – wie hieß er noch mal?«

»Talbot Sondeck«, sagte er. »Ein sehr reicher Mann. Familienvermögen. Und zudem ein Mann, der gelegentlich schon Ärger mit dem Gesetz gehabt hat.«

»Das bedeutet noch lange nicht, daß er Yoyo Hobbs umgebracht hat.«

»Natürlich nicht. Vielleicht ist er einfach ein Menschenfreund«, sagte Scrib. »Aus reiner Menschenfreundlichkeit wird er uns zweihunderttausend Dollar zahlen, damit wir den Mund halten.«

»Nicht uns«, sagte Salty und wirbelte auf ihrem Hocker herum. »Dir!«

»Willst du damit sagen, daß du keinen Cent haben willst, wenn ich morgen das Geld kassiere?«

»Genau das will ich damit sagen.«

Er zuckte mit den Schultern. »Es müßte fast reichen für eine kleine Agentur.«

»Blutgeld«, sagte sie leise. »Und du bist wirklich sicher, daß Talbot Sondeck der Mörder ist?«

»Natürlich ist er das.« Scrib richtete sich auf, hielt die linke Hand hoch und fing an, an den Fingern abzuzählen, während er es ihr noch einmal erklärte. »Talbot Sondeck, achtunddreißig Jahre alt, hatte im gestrigen Rennen die Startnummer zweihundertdreißig. Sondeck wurde, wie ich aus den Mikrofilmakten ›Times‹ feststellen konnte, in den letzten fünf Jahren dreimal angeklagt wegen vermutlicher unsittlicher Handlungen an minderjährigen Mädchen. Er ist ebenfalls, wie ich durch einige diskrete Fragen in den Videoläden seiner eleganten Wohngegend auf der East Side feststellen konnte, ein leidenschaftlicher Video-Fan. Er hat nicht nur einen, sondern sogar zwei Recorder, und er besitzt eine eigene Kamera. In besagter

Wohngegend ist er auch dafür bekannt, daß er häufig sehr junge und sehr sexy aussehende Besucherinnen in seinem Penthouse empfängt. Und wie lautet dem allen zufolge die logische Schlußfolgerung?«

»Zum Beispiel, daß dieser perverse Halbmillionär eben Gefallen daran findet, Videofilme von sich und seinen minderjährigen Damenbekanntschaften zu drehen.«

»Genau«, schmunzelte Scrib. »Wahrscheinlich hat Yoyo ein paar der schlimmsten Kassetten in die Hände bekommen. Wie? Ganz einfach. Am achtzehnten März wurde er engagiert, eine Partygesellschaft in Sondecks Wohnung zu unterhalten. Yoyo hat von Zeit zu Zeit solche Aufträge angenommen, um sich ein bißchen Geld dazu zu verdienen.«

Inzwischen war Scrib beim kleinen Finger angelangt und mußte die andere Hand zu Hilfe nehmen.

»Yoyo befindet sich am achtzehnten also in Sondecks Penthouse, was mir Yoyos schmieriger Agent bestätigt hat. Was hat Yoyo dort gemacht? Offensichtlich hat er sich in der Wohnung ein bißchen umgesehen, während die Party in vollem Gange war. Vielleicht hoffte er, seine finanzielle Lage dadurch aufbessern zu können, daß er in den Mänteln der Gäste nach Bargeld suchte. Irgendwie stieß er dabei auf Sondecks Versteck mit den brisanten Kassetten, und, neugierig, was wohl darauf sein könnte, steckte er eine oder zwei ein.«

Salty versuchte, sich auf die Zeichnung zu konzentrieren. »Du hast nur Vermutungen, keine Beweise.«

»Ich habe Talbot Sondeck«, grinste er. »Denn als ich ihn heute nachmittag anrief und andeutete, was ich eventuell wissen könnte, geriet er völlig in Panik. Bettelte mich an, nicht zur Polizei zu gehen, bat mich um eine Chance, mein Schweigen erkaufen zu können.«

»Vielleicht hat er vor Yoyo die gleiche Schau abgezogen.«

»Ich bin aber nicht so dumm wie Yoyo«, betonte Scribs.

»Er besorgt das Geld, und morgen mittag rufe ich ihn wieder an und verabrede mich mit ihm an einer verkehrsreichen Stelle, wo es keine Bäume oder Büsche gibt.«

»Und Talbot Sondeck kommt mit der Polizei an und läßt dich

wegen versuchter Erpressung verhalfen.«

»Der Typ hat ein Strafregister bei der Polizei, Salty«, erinnerte Scrib sie. »Er kann sich nicht ständig mit Bestechung aus seinen Schwierigkeiten herausretten. Wenn ich rede, fängt die Polizei sicher an, sich für seine jüngsten Aktivitäten zu interessieren. Auch wenn sie ihm den Mord an Yoyo vielleicht nicht anhängen können, werden sie doch genug finden, um ihn –«

»Stimmt genau!« unterbrach ihn eine fremde Stimme.

Salty ließ ihren Stift fallen. Er rollte über das Zeichenbrett und fiel auf den Boden. »Scrib, ist –«

»Ja«, bestätigte Scrib unglücklich. »Es ist Talbot Sondeck.«

Der Mann, der aus dem Schatten jenseits des erleuchteten Arbeitsbereichs trat, war hochgewachsen und schlank. Sein Gesicht war von der Sonne gebräunt, und sein Haar war kurz geschnitten. Er trug dunkle Jeans, einen marineblauen Pullover und schwarze Turnschuhe. In der behandschuhten rechten Hand hielt er lässig einen 38er Revolver.

»Es ist immer so einfach, Amateure auszutricksen«, sagte er mit arroganter, näselnder Stimme.

Salty sagte: »Roscoe hat gesungen.«

Sondeck nickte und trat näher. »Ja«, sagte er lächelnd. »Trotz seiner Vorliebe für natürliches Leben und Bio-Produkte hat Roscoe Chu dennoch Respekt vor einem Mann mit meinen finanziellen Mitteln. Nachdem er eine Zeitlang in sich gegangen war, beschloß Roscoe, mich anzurufen und zu erwähnen, daß jemand sich nach mir erkundigt habe. Zu diesem Zeitpunkt hatte ich Mr. Merlins durchaus beunruhigendes Erpressungsangebot schon erhalten. Als ich fragte, ob die neugierige Miss Warbeck vielleicht zufällig einen männlichen Bekannten habe, erfuhr ich, daß dies tatsächlich der Fall sei und sein Name Scrib Merlin lautet. Ich werde mich wirklich um Sie beide kümmern müssen.«

»Werden Sie es so einrichten, daß es wie Raubmord aussieht?« fragte Scrib.

»Genau.«

»Viel zu viele Leute, um alle umzubringen, meinen Sie nicht auch?« sagte Scrib. »Erst Yoyo, dann uns beide –«

»Aber keineswegs«, unterbrach ihn Sondeck. »Sie vergessen, daß wir uns in einem der Mordzentren der Nation befinden. Und dazu noch, wenn ich das einmal sagen darf, sind Sie beide keineswegs sehr bedeutende Leute. Genauso wenig wie Yoyo Hobbs. Die Polizei wird nicht viel Zeit haben, um sich mit einer solchen Lappalie zu befassen.«

»Nein, nein!« schluchzte Salty, krümmte sich auf ihrem Hocker zusammen und schlang die Arme um ihren Oberkörper. »Ich will nicht sterben! Oh nein, nein. Bitte!«

»Nicht so laut«, warnte Sondeck.

Sie stolperte von ihrem Hocker, zusammengekrümmt und zitternd. »Ich bin Künstlerin, ich will noch lange leben. Oh, nein – bitte, bringen Sie mich nicht um!« Salty fiel auf die Knie dicht neben dem Skelett auf seinem fahrbaren Ständer und schluchzte laut und verzweifelt.

Sondeck warf Scrib einen Blick zu. »Ich hasse Frauen, die hysterisch werden.«

Scrib sagte: »Und wenn Sie sie laufen lassen und –«

»Unmöglich. Sie müssen beide sterben.«

»Sterben?« schluchzte Salty. »Oh, es ist so furchtbar, so schrecklich. Bitte, bitte!« Dann gab sie dem Skelett einen kräftigen Stoß.

Es rollte, genau wie sie geplant hatte, auf Sondeck zu und stieß gegen ihn.

»Schnapp ihn dir!« rief sie Scrib zu.

Scrib stürzte sich auf den zurückweichenden Mörder.

Aber er erreichte ihn nicht.

Sondeck stolperte unerwarteterweise über den Banjokasten, verlor das Gleichgewicht und fiel in den Fensteralkoven.

Er schlug mit vollen Gewicht gegen die große Scheibe. Sein Körper verharrte dort reglos eine lange Sekunde, wie eingerahmt in Glas und Holz. Dann gab es ein markerschütterndes splitterndes Geräusch, als das Fenster nachgab. Sondeck, den Revolver in der Hand, umhüllt von Glasscherben und Holzteilen, stürzte in die regennasse Dunkelheit hinaus und fiel stumm die fünf Stockwerke hinunter auf die regennasse Straße.

Scrib stand auf und schüttelte den Kopf. »Warum, zum Teufel, hast du das getan?« fragte er Salty.

Sie kniete immer noch auf dem Boden. »Um dein Leben zu

retten«, antwortete sie, »und meins.«

Er ging zum Fenster und deutete mit dem Finger auf die schwarze Öffnung. »Zweihunderttausend Dollar zum Fenster hinausgeworfen«, sagte er.

»Es tut mir leid. Es wird nicht wieder vorkommen«, versprach sie ihm.

Originaltitel: CHRISTMASTIME IN PRISON. 11/81
Übersetzt von Brigitte Walitzek

Lorena Britton

Tod auf Raten

Bemüht, die völlig verwirrte Frau zu verstehen, beugte sich Bradley über den Schreibtisch.

»... Es ist wahr, sage ich Ihnen... er ist tot... ich habe ihn umgebracht.«

»Umgebracht? Wen denn?« fragte er.

»Harry Dunn, meinen Mann.«

Ihr Name sei Dottie Dunn, sagte sie. Augenblicke zuvor war sie, bis auf die Haut durchnäßt, ins Revier hereingestürzt. Von ihrem klitschnassen Haar lief ihr Wasser über Schultern und Hals, ohne daß sie es zu bemerken schien.

Aus einer kleinen Schnittwunde auf ihrer Nase sickerte Blut, und ein Auge schien geschwollen zu sein. Trotz des kalten Novemberregens war sie ohne Mantel gekommen; Bluse und Hose klebten ihr naß am Körper.

»Ich hole Sergeant Drake. Dann sehen wir nach«, sagte er.

Bradley litt an Kopfschmerzen und wunden Füßen. Bis zur Pensionierung waren es kaum mehr als ein Jahr. Schon jetzt träumte er ständig von weitabgelegenen Fischwassern.

Seine Angewohnheit, sich den Kahlkopf zu reiben, verlieh diesem dauernden Glanz.

Sergeant Drake andererseits, der schon einen höheren Rang als Bradley erreicht hatte, war jung und bemerkenswert gutaussehend. Blondes Haar und blaue Augen ließen ihn freundlicher wirken, als er eigentlich war. Denn in Wirklichkeit war er übereifrig und skrupellos und neigte nur wenig dazu, auf die Gefühle anderer Menschen Rücksicht zu nehmen.

Als Bradley Drake zur Tür folgte, gelang es ihm wie gewöhnlich, seine Geringschätzung zu verbergen. Drake würde fahren, das wußte Bradley; Drake saß immer am Steuer. Bradley war das einerseits durchaus recht; andererseits verübelte er es seinem Kollegen.

Dottie redete weiter vor sich hin, während Drake das Auto vom Parkplatz auf die Straße hinauslenkte.

»Ich wollte ihn nicht umbringen ... das müssen Sie wissen ... es war ein Unfall.« Ihre Stimme erfüllte das Wageninnere und schien von den Fensterscheiben widerzuhallen. »Er steigerte sich in eine Erregung hinein«, fuhr sie fort, »ich hatte Angst.« Mit einer Geste zeigte sie Drake, wo er abbiegen mußte. »Immer wütet und schimpft er ... nichts ist ihm recht. Regt sich immer mehr auf, bis er völlig von Sinnen ist.«

Krampfhaftes Schluchzen befiel sie. Es war das dritte Mal, daß sie ihnen von den Wutanfällen ihres Mannes erzählte, und Bradleys Kopf begann von neuem zu schmerzen.

»Hier ist es«, sagte Dottie und deutete auf ein kleines graues Haus etwas abseits der Straße.

Die beiden Männer stiegen hinter Dottie die kleine Treppe hinauf. Als sie die Tür öffnete, sagte sie: »Er liegt gleich hier auf dem Bo –« Sie brach ab und fuhr herum, das Gesicht kreidebleich, die Augen weit aufgerissen. »Er ist weg!« stieß sie hervor. Sie hob eine gußeiserne Pfanne vom Küchenboden auf und eilte, »Harry, Harry!« rufend, von Zimmer zu Zimmer. Die beiden Polizeibeamten folgten ihr. Sie fanden keine Leiche, keine Spur von Harry Dunn.

»So«, sagte Bradley. »Und jetzt beruhigen Sie sich. Wahrscheinlich ist er nur auf 'nen Drink weggegangen. Am besten, Sie legen sich jetzt zu Bett. Morgen ist alles wieder in Ordnung.«

Sie sah ihn unsicher an. »Ich ... ich rufe meine Mutter an. Vielleicht kommt die her.«

»Gute Idee. Also, wir müssen uns jetzt verabschieden.«

Bradley hatte es sich hinter dem Schreibtisch bequem gemacht und hoffte, der Rest der Nacht würde ruhig verlaufen. Dann ging die Tür auf, und dieselbe Frau kam hereingestürzt. Irgendwie fiel ihm auf, daß sie jetzt einen Mantel trug.

»Ich habe ihn gefunden!« rief sie mit einem Anflug von Triumph in der Stimme. »Ich weiß nicht, wie er da hingekommen ist, aber er liegt unter dem Bett. Als ich Mutter anrufen wollte, fiel mir der Hörer aus der Hand. Als ich ihn wieder aufheben wollte, entdeckte ich die Leiche unter dem Bett.«

Während der zweiten Fahrt zu dem kleinen grauen Haus hüllte

sich Dottie in Schweigen. Mit der Miene einer von einem Alptraum heimgesuchten Schlafwandlerin drückte sie sich in eine Ecke des Wagens.

Bradley entfuhr ein Stöhnen, und Drake lachte laut auf, als Dottie die Tagesdecke zurückschlug. Der Raum unter dem Bett war leer.

Diesmal unterzogen die beiden Polizisten das Haus einer gründlicheren Durchsuchung. Dottie rief dann und wann »Harry! Harry!«

Sie sah Bradley bittend an, als sich die beiden Männer verabschiedeten. »Er lag unter dem Bett, sage ich Ihnen. Ich habe ihn gesehen!« »Vielleicht will er Ihnen einen Streich spielen«, meinte Bradley freundlich. Tatsächlich hatten sie unter dem Bett eine Schmutzspur entdeckt. Sie war zwar kein Beweis für einen Mord, verlieh aber Mrs. Dunns Geschichte doch einen Anflug von Glaubwürdigkeit.

Bradley sah auf die Uhr. Halb zwölf; sein Dienst dauerte bis ein Uhr, also nicht mehr lange. Er ordnete die Papiere auf seinem Schreibtisch und machte sich dann daran, einen Bericht über das Verbrechen zu schreiben, das keines war.

Ohne aufzusehen, wußte er, wer hereinkam. Er wußte es in dem Augenblick, als die Tür aufging.

»Ich weiß, ich weiß«, sagte er. »Sie haben ihn wieder gefunden.«

»Ja, auf der Couch.«

»Und dieses Mal sind Sie ganz sicher?«

»Absolut. Er ist pudelnaß.«

Bradley fuhr allein. Drake hatte zu tun; außerdem hatte er keinen Zweifel, daß Dottie mehr als nur ein bißchen verrückt war. Beide Beamten waren davon überzeugt, daß Bradley nichts finden würde.

Die Couch war leer, aber es sah aus, als hätte dort jemand gelegen. Der Bezug wies mehrere feuchte Stellen auf, und ein paar dunkle Flecken, die von Blut herrühren konnten, waren am einen Ende zu sehen.

»Bitte bleiben Sie da«, flehte Dottie. »Vielleicht zeigt er sich wieder, wenn wir warten. Ich mache Ihnen Kaffee.« Bald stand der Kessel auf dem Herd.

Bradley versuchte, einen klaren Gedanken zu fassen. So etwas war ihm noch niemals untergekommen. Er sah zu, wie sie mit zitternden Händen die Tassen auf den Tisch stellte. Der Duft des Kaffees wirkte beruhigend auf ihn; nur mit Mühe konnte er sich träumerischer Gedanken ans Angeln erwehren.

Ein lautes Klopfen schreckte ihn hoch. Noch ehe er reagieren konnte, stieß Sergeant Drake die Tür auf und zerrte einen sehr verstört aussehenden jungen Mann herein.

Dottie stürzte auf ihn zu und drückte ihn an sich. Er sah aus wie sechzehn, wirkte aber sehr schmal für sein Alter. Bis auf seine Hakennase zeigte er eine auffallende Ähnlichkeit mit der Frau, die ihn in den Armen hielt. Er hatte das gleiche glatte braune Haar und ebenso blaue Augen wie sie.

»Ich bin so froh, daß du da bist«, hauchte Dottie mehrere Male.

»Das wirst du nicht mehr sein«, erwiderte er, »wenn du weißt, was ich getan habe.«

»Ich habe deinen Vater getötet«, schluchzte Dottie und drückte ihren Sohn noch fester an sich. »Wir finden ihn nur nicht.«

»Das ist es, was ich dir sagen muß«, entgegnete der Junge. »Er ist unter dem Bett. Ich habe ihn dort hingelegt, damit du ihn nicht findest, bis ich mir überlegt habe, was ich tun soll.«

»Ich glaube, der Junge versucht, sie zu decken«, sagte Drake zu Bradley. »Dottie hat ihn getötet.«

»Wir haben keine Leiche«, wandte Bradley ein. »Es gibt keinen Beweis dafür, daß irgend jemand irgend jemanden umgebracht hat.«

Während er sprach, ging die Tür auf, und eine magere, nicht mehr ganz junge Frau kam herein. Ihr Parfüm war umwerfend. Ihr offenbar teures Kleid schlotterte um ihren knochigen Körper. Ringe blitzten an ihren klauenähnlichen Fingern. Die spitze Nase und das dünne graue Haar verliehen ihr ein vogelartiges Aussehen.

»Da bist du!« Anklagend stieß sie Dottie den Finger entgegen. »Alles ist deine Schuld! Du überläßt es einfach deiner armen Mutter, sich mit deinem betrunkenen Mann herumzuplagen. Einfach unverschämt, wie er mich beschimpfte! Und dabei stank er nach Schnaps und verpestete mir das ganze Auto.«

Sie brach in Tränen aus. »Es war keine böse Absicht. Ich schubste ihn nur ein ganz klein wenig... wollte ihn wirklich nicht töten.«

»Aber, aber, Mutter«, versuchte Dottie sie zu trösten. »Du hast ihn doch nicht umgebracht. Das war ich.«

»Aber ich war es doch!« rief der Junge.

»Nein! Nein! Ich! Ich bat ihn, auszusteigen, ganz freundlich und ruhig«, beteuerte Dotties Mutter.

»Bemüht euch nicht weiter, mich zu decken. Ich habe ihn mit der Bratpfanne erschlagen.«

»Ich hab ihn aus dem Auto gestoßen.«

Alle redeten durcheinander. Bradleys Kopf begann wieder zu schmerzen.

Drake warf die Arme hoch und bat laut um Ruhe.

»Eins nach dem anderen«, sagte er und holte sein Notizbuch hervor. »Erzählen Sie, was passiert ist. Sie zuerst.« Er deutete auf Dottie.

»Er war betrunken, und ich wollte ihm etwas zu essen machen. Er schlug mich, traf mich auch hier an der Nase.« Sie befühlte die kleine Wunde. »Ich bekam Angst und versetzte ihm einen Schlag mit der Pfanne. Er fiel hin und blieb auf dem Boden liegen.«

Sergeant Drake wandte sich dem Jungen zu. »Und jetzt du.«

Die Großmutter stöberte im Kühlschrank herum und holte ein Bier heraus.

Der Junge sprach mehr zu seiner Mutter als zu den beiden Männern; verzweifelt versuchte er, sich ihr verständlich zu machen. »Ich kam nach Hause, und Vater saß auf dem Küchenboden. Er bat mich, ihm ins Bett zu helfen. Ich versuchte es. Ich brachte ihn bis zum Schlafzimmer. Aber dann wurde er böse.« Er hielt inne und überlegte. »Dann wollte er mich packen. Ich stieß ihn weg. Er verlor das Gleichgewicht und schlug mit dem Kopf gegen die Kommode.«

Sergeant Drake, der wie wild in seinem Büchlein notierte, rief: »Ja! Ja! Weiter!«

»Das ist alles. Ich schob ihn unters Bett, damit Mutter ihn nicht gleich fände. Dann rannte ich irgendwo rum, bis ich endlich den Mut fand, mich zu stellen.«

Die Großmutter ließ sich nicht lange bitten. »Er rief mich an und bat mich, ihn irgendwo hinzufahren, und das tat ich auch, aber er war richtig abscheulich und beleidigte mich.« Sie nahm einen langen Schluck aus der Bierflasche. »Er war so betrunken, so unverschämt, daß ich ihn bat, auszusteigen. ›Kommt nicht in Frage‹, sagte er. Da machte ich die Tür auf seiner Seite auf und gab ihm einen ganz leichten Stoß mit dem Fuß. Er flog hinaus und schlug mit dem Kopf auf den Boden und blieb dann liegen.« Sie hielt inne, um zu weinen. »Ein gutes Werk habe ich vollbracht, ehe ich sterbe. Ich habe Dottie von ihren Problemen erlöst.«

»Du hättest mich fragen sollen«, warf Dottie unmutig ein, »ob ich von meinen Problemen erlöst werden wollte.«

»Wie undankbar du bist!« schalt ihre Mutter. »Du hast ja selbst versucht, ihn dir vom Hals zu schaffen.«

»Wie kam er denn auf die Couch?« unterbrach Sergeant Drake.

»Mein Freund Albert Schulz half mir, ihn hierher zu bringen. Und jetzt ist Albert mir böse.« Sie zupfte an dem Etikett der Flasche herum, stieß einen Seufzer aus und fuhr fort: »Albert Schulz war mein Freund; wir gingen Dottie suchen, und Albert kam nicht mehr zurück.«

»Nun«, sagte Bradley, »wenn Harry all das überlebt hat, braucht er wohl einen Drink. Wir könnten ihn suchen.«

Nach längerer Diskussion wurde beschlossen, daß Bradley zusammen mit der Familie auf die Suche nach Dotties Ehemann gehen sollte. Sergeant Drake würde im Krankenhaus nachfragen.

Leute starrten sie an, als sie eine Bar nach der anderen aufsuchten, geführt von der vogelähnlichen Großmutter, die jeden Tisch kontrollierte. Sie war überall gut bekannt und grüßte ständig nickend nach allen Seiten.

Sich gegenseitig an der Hand führend, folgten Mutter und Sohn. Hinterdrein stapfte Bradley, den Hut in der einen Hand, während er mit der anderen seinen schimmernden Kahlkopf rieb. In Gedanken war er weit weg – an einem privaten Fischteich, von dem nur er allein wußte.

In der dritten Bar fanden sie Harry. Beulen an beiden Seiten seiner Stirn sahen wie Hörner aus. Er saß allein in einer Ecke, ein nasses Handtuch an seinen Hinterkopf haltend. Er war nicht von großem Wuchs, aber seine aufgekrempelten Hemdsärmel ließen massive Muskeln erkennen.

Seine drei Angehörigen schienen sehr froh, ihn zu sehen. Aufgeregt eilten sie zu ihm hin, und Dottie küßte ihn weinend. Die Großmutter streichelte seinen Arm und murmelte »So! So!« Mit der anderen Hand bestellte sie einen Drink.

Den Kopf zwischen die Schultern eingezogen, saß Harry da und starrte dumpf vor sich hin.

Bradley sah eine Weile zu. Er wußte nicht, was er tun sollte. Schließlich berührte er Harrys Schulter.

»Sir«, erklärte er, »Sie sind verhaftet.«

»Verhaftet? Weswegen?«

»Zu Ihrem eigenen Schutz.«

Die Familie, die sich liebevoll um ihn drängte, brach in Proteste aus. Harry schmetterte die Faust auf den Tisch. »Kommt überhaupt nicht in Frage!« rief er. Bradley wußte, daß er einen Fehler gemacht hatte.

Plötzlich sprang Harry auf, preschte zwischen den Tischen hindurch und rannte zur Tür hinaus. Bradley jagte ihm nach. Sekunden später hörte er Bremsen quietschen, den dumpfen, entsetzlichen Aufprall, erschreckte Schreie. Er schloß die Augen. Als er sie wieder öffnete, lag Harry keine fünf Meter von ihm entfernt wie eine formlose Masse. Es gab keinen Zweifel: Dieses Mal war er tot.

Es war einfach Harrys Schicksalsnacht, versuchte Bradley, sich einzureden, als er zu seinem Auto zurückging. Nur, er hatte mehrere Anläufe gebraucht, um zu sterben.

Bradley meldete sich über Funk zurück. Drake beantwortete seinen Ruf. »Ich habe Harry gefunden.«

»Tot oder lebendig«, fragte Drake.

»Tot. Ich hab ihn getötet.«

Originaltitel: HARRYS NIGHT TO DIE. 3/82
Übersetzt von Dolf Strasser

Kathryn Gottlieb

Barbarossa & Co

Am letzten Montag eines lähmend heißen Augustmonats hatte es mich nach Manhattan verschlagen. In der Tasche hatte ich außer meinem Rückflugticket nach Genf und einem alten Notizbuch nicht viel. Mit mehr als einem Tag Aufenthalt hatte ich nicht gerechnet. Als ich schließlich wieder abreiste, waren meine Taschen randvoll, mein Herz erschüttert, meine Sinne verwirrt.

Hatte sie? Hatte sie nicht? Hatte ich mitgeholfen? Was diese Vorgänge betrifft, so werden mich manche einen Opportunisten nennen und manche noch Schlimmeres. Bei dem Geschäft, das hier anstand, ging es, wie gewöhnlich, um elektronische Bauteile aus Heeresüberschüssen, wie sie vom Militär in der ganzen Welt verwendet werden. Drei Jahre zuvor hatte ich in Genf ein Büro eröffnet. Daß es besser ist, seinen Geschäftssitz dort zu haben als, sagen wir, in Cleveland, Ohio, leuchtet schließlich jedermann ein. Meinen ersten Vertrag unterzeichnete ich dort an meinem einundzwanzigsten Geburtstag, und ich erinnere mich, daß ich ganz sicher war, mit dreißig Millionär zu sein. Es kam nicht dazu, aber natürlich kennt niemand die Zukunft. Im Gegensatz zu dem, was Max Anne erzählte, bin ich kein Waffenhändler, und als ich das leugnete, war es die Wahrheit. Allerdings verkaufe ich an Regierungen, die weder Sie noch ich wählen würden. Aber das tut die U. S.-Regierung auch, und so brauche ich mich nicht zu entschuldigen.

Ich war an diesem Morgen nach New York geflogen, um einen Abschluß zu machen, aber nichts stimmte und nichts war bereit. Verträge und Material wurden zum dreißigsten Mal zugesagt, und ich mußte eine Woche totschlagen. In meiner Kasse war Ebbe, und nichts rief mich zurück nach Genf, und so beschloß ich, an Ort und Stelle zu warten. In einer Hinsicht hatte ich Glück – mein alter Freund Hal Pierce gab mir den Schlüssel zu seiner Wohnung. Das Appartement liegt an der Vorderfront eines innen modernisierten Backsteingebäudes. Solche Wohnungen kennt man ja – nackte Ziegelwände, verkümmerte Pflanzen, Chrom, Glas, Brotkrumen von der letzten Woche. Das Übliche. Warum macht man so etwas?

Warum läßt man nicht wenigstens den Putz an den Wänden?

Hal war im Begriff, nach Cape Cod in Urlaub zu fahren. Sobald er abgereist war, setzte ich mich ans Telefon.

Zwei Jahre machen schon einen Unterschied. Hedi Blume hatte nun eine Geheimnummer, Mary Bell ebenso. John Fischer, dessen Galerie Gemälde für mich an- und verkauft, war in Kanada. George Beckers englische Sekretärin ließ mich in schneidenden Tönen wissen, daß Mr. Becker nicht da sei. Toni Warren (weiblich) meldete sich nicht, Tony Marano (männlich) ebenso wenig. Kein Mensch war da. Bekümmert schlich ich in die Nachmittagshitze hinaus, geriet in einen Laden namens Volstead's Retreat – *feine* Nachbarschaft, wirklich – und kaufte mir dort eine Flasche.

Ich steckte gerade mein Wechselgeld ein, als mein Blick auf ein Regal mit gutem Holland-Genever fiel. Und da kam mir Max Klinck in den Sinn.

Vielleicht gab es also doch jemand, mit dem ich reden konnte.

Max handelt mit alten Büchern und Manuskripten. Er ist ein rotbärtiger, niederländischer Koloß mit blitzenden blauen Augen und einem Holzbein aus bestem Ahorn – viel hübscher als das andere, wie er versichert. Seinen Unfall erlitt er nach Ende des Krieges. Als er eines Tages mit anderen Kindern am Sandstrand von Oostmahom an der Nordsee spielte, hatte er das Pech, auf eine vergrabene Mine zu treten. Er war damals acht oder neun.

Für mich ist Max ein freundlicher Mann, der sich über den Lauf der Welt keine Illusionen macht – die Welt ist schlimm, sagt er, wenn er auch nichts dagegen hat, in ihr zu leben, nachdem er nun schon einmal da ist. Vorgestellt worden war ich ihm ein paar Jahre zuvor in John Fischers Galerie. Es war eines der wenigen Male, wo er einen Ausfall aus der Seventy-fourth Street wagte, wo er sich normalerweise mit etlichen der schönsten und seltensten Bücher der Welt beschäftigte. Vielleicht habe ich unrecht, aber ich kann mir ein befriedigenderes Leben kaum vorstellen.

Schwerfällig, wie er sich mit seinen Krücken bewegt, zieht Max alle Blicke auf sich. Sich in die Welt hinauszuwagen, ist kein Vergnügen für ihn, und er verläßt seinen Schreibtisch nur selten. Dort fand ich ihn auch nach einem raschen Gang über die abscheulich heiße Lexington Avenue – freilich erst nach einer kurzen, seltsamen Episode, der ich aber in diesem Augenblick fast keine Bedeutung beimaß.

In der Seventy-fourth Street angekommen, blieb ich vor Max' Etablissement stehen, um meine Stirn abzutrocknen und mich für einen Moment zu sammeln, ehe ich eintrat. Wie Hals Haus war auch dieses ein altes Backsteingebäude, dessen altertümlicher, verrottender Glanz freilich der Sanierung entgangen war. Max nennt sich zu Geschäftszwecken Barbarossa – er hat den Namen in kleinen Bronzelettern neben der Tür anbringen lassen. Ich war ein wenig erstaunt, als ich sah, daß die Buchstaben verschwunden waren; an ihrer Stelle stand nun Barbarossa & Co. Ich schüttelte den Kopf. Würde auch Max selbst verschwinden?

Ich starrte noch stirnrunzelnd auf die Wörter, als die schwere Tür am oberen Ende der Stufen aufging und ein kleiner Mann auf den Gehsteig herunterkam. Ich hätte ihn nicht beachtet, hätte er nicht merklich mir seine Aufmerksamkeit zugewendet, wobei er, als er an mir vorbeieilte, sein Gesicht mit plötzlich und ungeschickt erhobener Hand zu verbergen versuchte.

Neugierig geworden, sah ich ihm nach. Er war um die fünfzig, hatte kräftige Züge, trug einen teuren Schneideranzug, kam mir vage bekannt vor – nicht, daß ich ihm schon persönlich begegnet wäre, aber er mußte irgendwie prominent sein. Ich kam nicht auf seinen Namen. Er spielte auch keine Rolle. Wichtig war nur, ob Max da war.

Ich stieg die kleine Treppe hinauf, läutete und wurde eingelassen. Im Erdgeschoß werden schöne, seltene Bücher verkauft; die Angestellten arbeiten dort. Maxens Privatdomäne, wo Kostbarkeiten den Besitzer wechseln, befindet sich eine Treppe höher. Einer der Angestellten meldete mich über die Sprechanlage und öffnete eine Stahlgittertür, die den Zugang zum hinteren Teil des Gebäudes öffnete. Ich stieg die mit einem Mahagonigeländer versehene Treppe zu Maxens wurmzerfressenem Paradies hinauf. Und da war er, saß strahlend hinter dem Schreibtisch, bellte mir mit blitzenden Augen ein Willkommen entgegen – der gute alte Max.

»Setz dich! Setz dich!« gebot er, und ich tat es, nachdem ich mich beeindruckt umgesehen hatte. Es war ein schöner Arbeitsraum von hübschen Proportionen, mit dunklem Holz getäfelt und rundum mit

Regalen versehen. Es roch nach Leder, altem Papier und edlem Staub.

»Max, ich beneide dich.«

Er grinste mich an. »Sei doch kein Narr. Geht es dir gut?«

»Mhm. Und dir?«

Er nickte, langte hinter seinen Stuhl, nahm eine Flasche Genever und zwei Gläser aus einem Regal, füllte sie. Ich nahm mein Glas, er das seine. »Und nun«, sagte er, »erzähl mir alles.«

Was war er für mich? Ein Freund? Ein Bekannter? Ich war mir nicht sicher. In jedem Fall war er ein guter Gesellschafter. Freilich, bei allem Witz und oberflächlichen Glanz hatte Max etwas Tiefgründiges an sich, und ich habe nie gewußt, was er wirklich denkt.

Wir plauderten mehrere Gläser lang über mein Geschäft und klatschten – wie anders kann man es nennen – über gemeinsame Freunde. In herzlich-gönnerhaftem Ton beschrieb er mir ein paar der Schätze, in deren Besitz er inzwischen gekommen war. Max sagt, ich sei ein Analphabet, und nach seinen Maßstäben stimmt das auch. Und dann fiel es mir wieder ein.

»Barbarossa & Co«, sagte ich. »Was soll das bedeuten?«

»Ah! Ich habe einen Partner – eine Partnerin, besser gesagt. Warte, warte, bis du sie kennenlernst. Du wirst sehen, ich bin der glücklichste Mensch auf der Welt.«

Direkt hinter Maxens Schreibtisch ist die Wand des klimaregulierten Raumes, in dem er seine ältesten Güter bewahrt. Max schwenkte seinen Sessel herum und rief zu der Wand hinüber: »Anna!« Und dann, noch einmal: »Anna!« Einen Augenblick lang war es still. Dann öffnete sich die Tür der Stahlkammer, und Maxens Partnerin kam herein.

Sie lächelte mich an. Ja, eine schöne Frau. »Anneke, das ist Peter Hessberg. Ich habe ihn seit zwei Jahren nicht mehr gesehen. Anna Eykert.« Sie machte einen Schritt auf mich zu und streckte mir ihre Hand hin, eine gute und feste Hand. Ich ergriff sie.

Ein weiteres Glas kam auf den Tisch. Anna setzte sich, und wir tranken alle Genever. Wir plauderten eine Weile, und dann sagte Max: »Peter hat einen höchst interessanten Beruf.«

»Oh?«

»Er ist Waffenhändler.«

Anna sah mir in die Augen. »Na so was! Ist das auch wahr?« Ihre Stimme war voll und klar und hatte einen amüsierten Unterton. Ihr Tonfall war fremdländisch.

»Nein.«

Sie schüttelte den Kopf. »Das dachte ich mir. Max ist ein furchtbarer Lügner. Ein schrecklicher Lügner.« Sie sah ihn liebevoll an. Ein kleiner Stich Eifersucht mischte sich in mein Lächeln. Warum war ich eifersüchtig – was bedeutete mir Anna? Gibt es so etwas wie Eifersucht auf den ersten Blick?

»Ja, ja, die Welt ist klein«, sagte Max. »Weißt du, wo Anna aufgewachsen ist? In meinem kleinen Dorf an der Nordsee.«

»Es heißt Oostmahom«, sagte Anna. »Haben Sie schon mal davon gehört?«

»Natürlich, von mir«, sagte Max. »Peter ist der einzige Mann in Amerika, der von Oostmahom gehört hat.«

Wir redeten weiter von unmaßgeblichen Dingen, und ich ließ die Frau aus Oostmahom nicht aus den Augen. Sie entsprach keiner bewußt von mir gehegten Schönheitsvorstellung, war aber dennoch schön: Kräftiger Körper, breites, gutgeformtes Gesicht, blaue Augen unter langen, schweren Wimpern wundervoll geformter Mund. Wenn sie sprach, konnte ich die Augen nicht von ihr wenden. Ihr Haar war sehr blond, sehr dicht, sehr holländisch. Ich sagte mir, ihr Körperbau sei zu stämmig, ihr Kinn zu kräftig, sie selbst zu alt für mich. Sie war bestimmt nicht jünger als ich. Und natürlich gehörte sie Max, der jetzt sagte: »Du siehst so nachdenklich aus.«

Ich zuckte die Achseln.

Anna fragte mich, ob ich in New York lebe.

»In Genf.«

Sie zog die Brauen hoch. »So eine altertümliche Stadt! Sind Sie dort glücklich? Sie ist so kalt. So grau! Und die Leute – die reden nichts!«

»Geld spricht seine eigene Sprache«, sagte Max.

»Oh, wie schrecklich«, sagte Anna. »Wirklich taktlos. Hören Sie nicht auf ihn, Mr. Hessberg. Er hat keinen Humor. Er ist nicht lustig. Hat keine guten Eigenschaften.«

»Peter handelt manchmal mit Bildern«, sagte Max. Sie warf ihm einen – wie mir schien, befremdeten – Blick zu, den er nicht erwiderte. »Erzähl doch Anna von deinem Geschäft. Das ist interessant.«

Was ich von der U. S.-Armee kaufe, schicke ich nach Amsterdam an meinen Freund Piet Bonta von der P. Bonta Electrische, N. V., wo das Material geprüft, überholt und an meine Kunden versandt wird – meist Regierungen der sogenannten Dritten Welt, die mich lange danach mit Geld der Ersten Welt bezahlen. All dies schilderte ich Anna kurz; die damit verbundenen Probleme erwähnte ich allerdings nicht.

Als ich geendet hatte, sagte sie: »Ich glaube, Max hat recht. Sie sind ein Waffenhändler. Ich sehe da keinen Unterschied. Einer von den furchtbaren Leuten, die in der ganzen Welt Unruhe schüren.«

»Meine Kunden gefallen Ihnen vielleicht nicht sehr, aber es sind alles legitime Regierungen. Mit Terroristen-Organisationen mache ich keine Geschäfte.«

Max zog die buschigen Brauen hoch. »Alle Regierungen sind terroristische Organisationen.«

»Sei doch nicht kindisch«, lachte Anna.

»Es ist wahr«, sagte Max. »Eines Tages wirst du mir zustimmen. Und jetzt, Peter, solltest du Anna von den Gemälden erzählen.«

»Von Zeit zu Zeit führen mich meine Geschäfte nach Afrika; die jungen Nationen sind kein bequemer Aufenthaltsort, aber sie faszinieren mich. In den letzten Jahren sind dort mit anderen Erbstücken auch etliche Gemälde aufgetaucht. Es sind zurückgelassene Sammlungen, die einst das Eigentum von Familien waren, die seit Generationen in Kolonial-Afrika lebten. Infolge der Eingeborenenerhebungen waren viele von ihnen unter Zurücklassung ihrer ganzen Habe geflohen. Die meisten der Gemälde gehörten zu einer Art, die man ein paar Jahre zuvor nicht einmal verschenken konnte – Landschaften, Genre-Bilder, die meisten aus dem 19. Jahrhundert, bescheidene, nette Arbeiten. Neuerdings gab es dafür einen Markt. Was ich kriegen konnte, schickte ich nach New York an John Fischers Galerie.«

Anna hörte mir stirnrunzelnd zu. »Das Ganze ist traurig, finde ich«, sagte sie. Max hingegen schaute erfreut drein. »Die Vorsehung hat uns unseren Freund heute hergeschickt, glaube ich.«

»Nein. Nein, Max. Ich weiß, was du jetzt denkst.«

»Er hat eine ganze Woche Zeit. Die will er doch nicht in dieser abscheulichen Stadt vertun.«

»Dann soll er sie eben in Timbuktu verbringen. Oh Max ...« Sie rang die Hände, »... ich bin gar nicht glücklich darüber.«

»Wovon redet ihr beide denn eigentlich?« fragte ich.

Max beugte sich vor; seine kräftigen Arme ruhten auf der polierten Platte seines herrlichen Schreibtischs. »Ich habe jemand versprochen, diese Woche ein Bild aus Amsterdam hierherzuholen. Nichts Ungewöhnliches – eine kleine Landschaft aus dem 19. Jahrhundert – von der Art, wie du sie gerade beschrieben hast.

Ich möchte damit einem Kunden, der für mich wichtig ist, einen Gefallen tun. Er hat eine sehr innige Zuneigung zu diesem Gemälde entwickelt und will es so schnell wie möglich haben.« Max lachte kurz. »Der Mann ist gewohnt, zu kriegen, was er will, das kann ich dir sagen. Ich habe mich dummerweise bereiterklärt, es selber für ihn zu holen. Aber ich möchte nicht fliegen, Peter. Ich weiß schon gar nicht mehr, wann ich das letzte Mal in der Stadt war oder gar an einem anderen Ort.« Er machte eine Kopfbewegung zu den Krükken, die hinter seinem Schreibtisch an die Wand gelehnt standen. »Ich taumle durch die Straßen wie ein Betrunkener. Die Leute drehen sich nach mir um.«

»Könnte nicht Anna ...?«

»Ich brauche sie hier. Hör zu, Peter. Im August ist New York ein Alptraum. Da bleibt doch niemand hier, wenn er nicht muß. Ich zahle dir ein angemessenes Honorar – sagen wir zehn Prozent des Verkaufspreises – und natürlich sämtliche Spesen. Du holst das Bild von dem Händler, einem Mann namens Gerrit Till. Er wohnt etwa zwanzig Kilometer außerhalb der Stadt. Und dann bringst du es hierher.«

»Um welche Preislage geht es denn?«

Er verzog das Gesicht. »Ich schäme mich fast, das zu sagen. Mein Verkaufspreis ist zwanzigtausend Dollar. Zu viel Geld für das kleine Bild, das wirst zu sehen. Dein Anteil? Zweitausend.«

»Würdest du mir sagen, wieviel du selbst dafür zahlst?«

»Aber natürlich. Du wirst ja dem Händler das Geld übergeben. Zweitausend Dollar, nicht mehr und nicht weniger. In bar – so hat er ein bißchen mehr davon.«

»Und der Käufer... ist das der Mann, den ich vorhin hier weggehen sah?«

Anna hatte große Augen bekommen. »Was?«

Max schüttelte den Kopf. »Nein, nein. Das war nicht der Mann; den kennst du nicht. Wer es ist, spielt keine Rolle. Was sagst du zu meinem Vorschlag?«

»Wo ist der Haken?«

»Es gibt keinen.« Aus seinem Blick sprach die reine Aufrichtigkeit. »Das ist kein Bild, an dem die Historische Kommission der Niederlande interessiert ist. Seine Ausfuhr ist völlig legal. Ich versichere dir, daß du nichts zu befürchten brauchst. Wenn ich mich besser bewegen könnte, würde ich die Sache selbst übernehmen. Und wenn ich ehrlich sein soll – Anna hatte vor ein paar Jahren eine kleine Auseinandersetzung mit dieser holländischen Kommission. Ich möchte sie also lieber nicht schicken. Alte Mißhelligkeiten soll man nicht unnötig von neuem aufrühren.«

Eine plausible Geschichte. Ob ich sie glauben konnte?

Anna sah ihn jetzt wieder an, und für Momente führten sie eine stumme Auseinandersetzung mit Blicken. Dann sagte sie fast flüsternd: »Ich habe ein ungutes Gefühl bei der Sache.«

»Aber Anneke, meine Liebe, das ist doch Unsinn!«

Die liebe Anneke schüttelte den Kopf, daß das feine, blonde Haar nur so flog. »Nein.«

»Willst du mir den Gefallen tun?« fragte mich Max.

Annas blaue Augen fixierten die meinen, als ob sie mich anflehte, ich solle ablehnen.

»Gut. Ich werde es tun«, sagte ich.

Wir vereinbarten, daß ich am Mittwoch fliegen sollte; vorher würde das Gemälde noch nicht bereit sein. Wie Max sagte, war das Landschaftsbild an einer Ecke ein wenig beschädigt – betroffen waren nur drei, vier Quadratzentimeter, und Gerrit Till, der Händler, glücklicherweise ein ausgezeichneter Restaurator, war noch mit der Ausbesserung des Schadens beschäftigt. Ich brauchte mir deswegen keine Gedanken zu machen; der Käufer war sich über den Zustand des Bildes im Klaren.

»Gerrit ist ein sehr netter Mensch«, sagte Max. »Übrigens eine recht interessante Person – war längere Zeit in Indonesien. Möglicherweise ist es für dich gar nicht so schlecht, wenn du ihn kennenlernst. Vielleicht kannst du eines Tages selbst mit ihm ins Geschäft kommen – wer weiß?«

Anna ging gleichzeitig mit mir. Es hatte zu regnen begonnen, und von den Gehsteigen stieg ein intensiver Geruch nach nassem Stein und Straßenstaub hoch.

Durch die starke Bewölkung war es schon früh dunkel geworden. Da und dort spiegelten sich beleuchtete Schaufenster im nassen Pflaster; die Stadt wirkte schimmernd und heimelig. Ich ging mit Anna einen Block oder zwei in Richtung East River. Sie schien zerstreut und sprach nicht mit mir. Sie mißtraute mir, dachte ich, oder mochte mich nicht. Unter einer Straßenlaterne an der Ecke der Third Avenue blieb ich stehen und legte ihr die Hand auf den Arm. »Warum wollen Sie nicht, daß ich das tue?«

Sie zuckte die Achseln. »Max weiß, daß ich es gern selbst holen würde, aber er läßt mich nicht. Er ist stur, furchtbar stur. Sie hinzuschicken ist hinausgeworfenes Geld, das ist alles.«

»Aber das ist doch nicht der einzige Grund. Meinen Sie nicht, daß ich Bescheid wissen sollte?«

»Das ist alles, wie ich schon sagte. Sonst gibt es nichts. Und jetzt haben Sie hoffentlich nichts dagegen, wenn ich mich allein auf meinen Weg mache.«

»Warum sollte ich etwas dagegen haben?« Im grellen Licht der Straßenlampe sah sie ein wenig älter aus als in der gedämpften Beleuchtung von Maxens Büro, aber höchstens ein, zwei Stunden. Maxens Eigentum.

Ich beugte mich zu ihr nieder und küßte sie auf die Stirn. »Ich bin sicher, Sie waren eine sehr schöne Frau«, sagte ich.

»Ich *bin* eine schöne Frau«, erwiderte Anna heiter. Sie tätschelte kurz meinen Arm und ging dann mit raschen Schritten davon.

Achtundvierzig Stunden später drehte ich den Schlüssel im Schloß meiner Amsterdamer Wohnung und öffnete die Fenster, um die vertraute Seeluft hereinzulassen. Seit zwei Jahren war ich Mieter des Erdgeschosses eines schmalen alten Hauses in der Verimus Straat, das einer jungen Witwe gehörte. Sie selbst wohnte in den oberen

Stockwerken. Unsere Beziehungen waren angenehm, aber nicht mehr. Gelegentlich kreuzten sich unsere Wege in der gemeinsam benutzten Diele; dann sprachen wir über das Wetter. Mein Teil des Hauses bestand aus einem sonnigen, mit Bogenfenstern versehenen vorderen Zimmer, das mir als Büro und Wohnraum diente, und einem kleineren Schlafraum. Dahinter befand sich eine winzige Küche, deren Fenster auf den von einer Mauer umgebenen Garten hinausgingen. Am Garten entlang verlief eine schmale, wenig befahrene Straße; dahinter lag eine weite, offene Fläche, über die der Seewind herüberwehte. Personal hatte ich keines. Die Ablage der Geschäftspapiere besorgte ich selbst. Das Ganze ist ein friedlicher Ort und praktischerweise nicht weit von Piet Bontas Fabrik entfernt.

Nachdem ich bis in die Nachmittagsstunden geschlafen hatte, fuhr ich auf der Küstenstraße nach Ihmuiden. Unmittelbar nach den ISOL-Werken bog ich, Maxens Anweisung folgend, nördlich in eine Schlaglochstraße ein, die durch freies Gelände führte. Über mir hing ein schwerer, bleigrauer Himmel, und ich hatte das Gefühl, als könne er jeden Augenblick auf die Erde herunterfallen und alles erdrücken. Ich bemühte mich, meiner Phantasie Zügel anzulegen. In Holland hatte ich mich schon öfter unter einem grauen Himmel befunden, und er war mir noch nie auf den Kopf gefallen.

Dennoch, Landschaft und Wetter wirkten bedrückend, und meine Besorgnisse kehrten zurück. Warum man mich hierher geschickt hatte, fragte ich mich, und warum ich dumm genug gewesen war, mich auf so etwas einzulassen. Natürlich, da war das Geld. Es mußte schön sein, wenn man so reich war, daß man nicht des Geldes wegen Dummheiten machen mußte.

Zehn Kilometer nach der Abzweigung kamen ein paar Häuschen, dann wieder nichts, und dann, isoliert in der Ebene, Gerrit Tills Haus. Es war ein kleiner, unproportionierter, für die geringe Grundfläche zu hoher Bau. Ich hielt an und stieg aus. Alles war wie erstorben, nur der Wind heulte in den Telefondrähten über mir. Es mußte scheußlich sein, hier zu wohnen! Ich überquerte die Straße, stieg die Stufen hinauf und läutete.

Gerrit Til öffnete. Sofort fiel mir Maxens Hinweis auf Tills indonesische Vergangenheit ein. Dunkle, freundliche Augen sahen mich aus einem runden Holländer-Gesicht an; sein blondes Haar war schon etwas ergraut.

»Ich bin Peter Hessberg.«

»Natürlich! Ich habe Sie schon erwartet. Treten Sie ein!« Er führte mich in ein Zimmer, das mit Büchern, Papieren und schweren niederländischen Möbeln vollgepfropft war. In der Luft lag der Geruch von Terpentin. Das Geschäft könne ruhig einen Moment warten, sagte Till; erst müßten wir ein Glas miteinander trinken. Er schenkte den unvermeidlichen Gin ein. Lächelnd nahm ich mein Glas entgegen – ich fand den Mann liebenswürdig und angenehm.

Er war recht gesprächig. Wie ging es Max und Anna? Was ich vom Kunstmarkt hielt? Ob ich wußte, daß Bilder von Albert Boertson plötzlich sehr gefragt waren? Eigenartige Sache. Was ich von seinen Gemälden dachte? Er gab seiner Freude Ausdruck, daß ich gekommen sei, und hoffte, ich hätte einen angenehmen Flug gehabt. Wir redeten und tranken. »Wenn Sie mich jetzt für einen Augenblick entschuldigen wollen«, sagte er schließlich.

Er schloß die Tür hinter sich, als er das Zimmer verließ. Dort hinten mußte die Küche liegen, dachte ich – der übliche Grundriß. Mit Überraschung bemerkte ich, daß wir nicht allein im Haus waren. Ich hörte seine Stimme – zumindest vermutete ich, daß es seine Stimme war, denn durch die schwere Tür war nur ein Murmeln vernehmbar. Dann lachte eine Frau, und ich meinte, sie sagen zu hören *»es niet stom, es niet stom!«* – sei nicht albern! – und dann eine Männerstimme, zweifellos seine, aber die Worte waren nicht zu verstehen.

Einen Augenblick später kam er wieder zurück. Er hatte das Bild unter dem Arm. Er legte es auf die Armlehnen eines Stuhles und beugte sich darüber, um es zu betrachten.

»Ich werde alt, da kriegt man so seine Beschwerden«, lachte er. »Heute bekam ich einen Brief von meiner Mutter, die in Soerabaya lebt. Würden Sie das für möglich halten? Sie macht sich Sorgen und schimpft mich, wie wenn ich noch ein kleiner Junge wäre, der nicht auf sich selbst aufpassen kann. Sie ist schon sehr alt. Wahrscheinlich werde ich für sie immer ein Kind bleiben. Nun gut, sehen wir uns dieses Bild an.«

Ich trat neben ihn.

»Hübsch, nicht wahr?«

Ich nickte. Es war wirklich sehr hübsch – eine liebliche Landschaft, gemalt in der Manier des letzten Jahrhunderts und irgendwie sehr attraktiv. Es war eine ruhige Szene – blauer Himmel, über einem breiten Tal einzelne Wolken, und im Vordergrund eine Eiche mit großen Ästen und eine friedlich grasende Kuh.

»Achten Sie auf die Kuh«, sagte Gerrit Till. »Ich kann sie nicht anschauen, ohne daß mich Schlaf überkommt. Das ganze Atmosphäre eines Sommernachmittags steckt in dieser Kuh.«

Ich stimmte ihm lachend zu. »Es ist wirklich recht gut gemacht.«

»In einer Ecke ist ein kleiner Fleck, wie Sie sehen. Max weiß natürlich davon.«

»Ja, er sagte mir, daß Sie noch daran zu arbeiten hatten.«

»Riechen Sie das? Puh!« Er zog die Nase hoch. »Macht Ihnen der Terpentingeruch nichts aus?«

»Nein, wirklich nicht.«

»Er wird sich in Bälde verflüchtigt haben.«

Noch einmal ging er hinaus, kam dann mir Schnur und Papier zurück und verpackte das Bild. »Voilà!« sagte er. »Jetzt ist es reisefertig.«

Ich war schon im Begriff, zu gehen, als mir das Geld einfiel. Er selbst hatte nichts davon erwähnt. Ich holte es aus der Tasche – ein Paket amerikanischer Dollarscheine verschiedener Werte – und reichte es ihm.

Er nahm es lächelnd.

»Zu wenig, scheint mir«, sagte ich.

»Das stimmt. Ein wenig mehr ist es schon wert. Max wird natürlich einen höheren Preis bekommen. Aber ich stehe in seiner Schuld. Es ist gut so. Ich bin zufrieden.«

Ich fuhr nach Amsterdam zurück. Das Wetter war inzwischen nicht besser geworden; dennoch hatte sich meine Stimmung beträchtlich gehoben. Warum sollte ich eigentlich nicht mit Piet Bonta essen gehen? fragte ich mich. Es gab keinen Grund, warum ich ihm meine Anwesenheit in Amsterdam verheimlichen sollte. Es war alles in Ordnung.

Piet besaß, wie schon erwähnt, die Fabrik, die den größten Teil des Materials aufbereitete, das ich kaufte und verkaufte. Wir trafen uns um sieben in Pauli Benbroeks Restaurant an der Reguliergraat – nichts Besonderes, aber das Essen ist anständig und auch reichlich. Eine Weile sprachen wir über dieses und jenes. Maja und den Kindern ging es gut; die Probleme mit der letzten Sendung von Batterie-Ladegeräten waren mehr oder weniger gelöst – die üblichen Themen. Und dann sagte Piet, während er sich Sauce über den Reis goß, der Lauf der Welt mache ihn immer besorgter. »Zumindest außerhalb der Stadt müßte man in seinem eigenen Hause sicher sein, möchte man meinen. Aber ich weiß nicht, ob das stimmt. Hast du die Nachrichten gehört?«

»Nein. Was ist passiert?«

»Irgend so'n Kerl ist heute nachmittag in seinem eigenen Haus erschossen worden. Ein harmloser Mann, wie es scheint. Noch nicht einmal alt – ich weiß nicht mehr genau.«

»Nicht sehr erfreulich. Beinahe wie in New York. War es ein Raubüberfall? Weißt du, was man machen müßte?« Ich fuchtelte mit der Gabel herum; es war – was ich nicht ahnte – für längere Zeit mein letzter sorgenfreier Moment. »Man müßte Hehler ausschalten. Bei denen kannst du heutzutage einen x-beliebigen Fotoapparat oder einen gelben Mercedes bestellen, und sie besorgen dir das innerhalb von vierundzwanzig Stunden.«

»Es ging nicht um einen Fotoapparat oder ein Auto«, sagte Piet. »Angeblich wurde ein Gemälde gestohlen.«

Ich legte die Gabel weg. »Ein Gemälde?«

»Ja. Ein Ölbild, wenn ich mich recht erinnere. Die Leiche dieses Mannes wurde am Nachmittag von seiner Putzfrau gefunden. Offenbar war er Kunsthändler. Sie hatte gesehen, daß er an einem Gemälde arbeitete; er hat den Rahmen hergerichtet, glaubt sie, oder Firnis aufgetragen. Ist das möglich?«

»Ja.«

»Was es auch war, jedenfalls hat sie gesehen, wie er gestern nachmittag daran arbeitete. Es war kein wertvolles Werk, sagt sie – ein Bild mit einer Kuh darauf, nichts Besonderes. Aber heute sei das Bild nicht mehr da.«

»Vielleicht hat er es verkauft?«

»Könnte sein. Oder die Strolche drangen ein, um sich einen

Fotoapparat oder so was zu holen, und nahmen dann statt dessen das Bild mit. Wer weiß? Jedenfalls wurde der Mann von Schüssen getroffen und ist jetzt tot. Nicht einmal mehr in seinem eigenen Haus ist man sicher – eine schreckliche Welt.«

»Wo ist das passiert?«

»Das Haus liegt an einer Straße in Richtung Ihmuiden. Ehrlich gesagt, ich hab mich der Gegend niemals anfreunden können. Zu trostlos. Trotzdem, es leben Leute dort. Die Geschmäcker sind eben verschieden.«

Ich schob meinen Teller weg.

»Hast du keinen Hunger?«

Ich schüttelte den Kopf. »Ich hab ziemlich spät zu Mittag gegessen.«

»Oh«.

»Wurden noch andere Einzelheiten genannt?«

»Über den Mord? Ja, eine ganze Menge. Augenblick mal ... eine alte Dame, die in der Nähe wohnt, hat ausgesagt, sie habe am Nachmittag ein kleines blaues Auto vorbeifahren sehen. Sie meint, es müsse vom Haus des Ermordeten gekommen sein, weil in dieser Richtung sonst niemand mehr wohnt. Frag mich nicht, wie sie das gesehen hat. Vielleicht hat sie ein Fernglas. Prima Zeugen, diese alten Leute. Den ganzen Tag hängen sie im Fenster und passen auf.« Er verzog das Gesicht; einen Augenblick lang musterte er mich amüsiert. »So werden wir alle mal enden, mein Freund. Als Zeugen.«

»Ich frage mich ...«

»Ja?«

»Nichts. Wie du sagst, es waren Strolche, die was klauen wollten, oder jemand umbringen. Na, bist du fertig?«

»Ja, ja.« Er tätschelte seinen Bauch. »Keine Nachspeise. Ich hab Maja versprochen, fünf Pfund abzunehmen. Es ist das einzige Geburtstagsgeschenk, das sie sich wünscht. Ich würde ihr lieber ein Diamantenkollier schenken.« Er schob seinen Stuhl zurück. »Sehe ich dich morgen früh im Werk?«

»Ich glaube nicht – dieses Mal nicht. Ich habe noch auf der Bank zu tun und muß möglichst schnell wieder nach New York zurück.«

Er sah mich nachdenklich an. »Also gut. Gehen wir.« Gemeinsam traten wir auf die gepflasterte Straße hinaus, die am Kanal entlangführte. Bei meinem Wagen blieben wir stehen und besprachen noch einige geschäftliche Dinge. Plötzlich hielt er inne und sagte lächelnd. »Aha! Da hätten wir ja schon einen kleinen blauen Kombi! Du bist doch heute nicht nach Ihmuiden gefahren, oder?«

Ich lächelte. »Ich weiß es wirklich nicht mehr. Paß auf, daß du keine Fingerabdrücke hinterläßt.«

Wir verabschiedeten uns. Als er schon auf halbem Weg zu seinem eigenen Auto war, drehte er sich noch einmal um. »Gerrit Soundso. Hast du den Namen schon mal gehört?«

Ich schüttelte den Kopf.

Das Bild schien nichts anderes zu sein als das, was es zu sein schien. Bei abgesperrter Tür und heruntergelassenen Jalousien untersuchte ich es zwanzig Minuten lang, sah es aus allen möglichen Blickwinkeln an, fuhr mit den Fingerspitzen über die Oberfläche. Gerrit Till fiel mir ein, wie er vor dem Gemälde niedergekauert war und irgend etwas über Kühe und Sommernachmittage gesagt hatte. Tot. Ratlos schüttelte ich den Kopf. Für so ein Kunstwerk würde niemand einen Mord begehen. Aber wegen des Bildes war der Mord ja auch gar nicht begangen worden. Den Beweis dafür hatte ich in meinen Händen. Ich hatte das Gemälde, und ordnungsgemäß dafür bezahlt hatte ich auch. Trotzdem – konnte dieser Einbruch ein Zufall sein? Ich hielt es für ausgeschlossen. Die Polizei glaubte es auch nicht. Sie suchte nach einem blauen Kombi.

Ich bedeckte das Bild mit einem Tuch, ging auf die Diele hinaus und rief nach Mevrouw Hendrix. Nach einer kurzen Weile ging oben das Licht an, und sie erschien auf dem Treppenabsatz. Sie hielt sich einen Bademantel an den Körper und sah besorgt, ein wenig komisch und sehr hübsch aus. »Ist etwas nicht in Ordnung?« fragte sie.

»Nein, nein. Tut mir leid, Sie zu stören. Haben Sie eine Taschenlampe?«

»Ist bei Ihnen der Strom ausgefallen?«

»Nein. Ich möchte mir nur etwas genauer ansehen.«

»Augenblick, ich hole sie.« Sie kam die Treppe herunter, schob sich in der engen Diele an mir vorbei. Ich erlaubte mir, all das an ihr in mich aufzunehmen, wovor ich in ihrem Fall zumeist die Augen verschlossen hatte – die feine Haut, das seidige über die Schultern fallende Haar, die begehrenswerte Figur. Ich rief mir ins Gedächtnis zurück, daß dies nicht der Zeitpunkt war, von meiner – wie man in Den Haag sagt – Nichteinmischungspolitik abzugehen. Ich hörte, wie sie in ein paar Schubladen wühlte. Dann kam sie mit einer Plastik-Taschenlampe zurück und reichte sie mir. Nach einem Blick, der um eine Idee länger dauerte als unbedingt nötig, stieg sie wieder die Treppe hinauf.

Ich wedelte mit der Taschenlampe. »In zehn Minuten bringe ich sie wieder.«

»Danke, nicht nötig. Wenn Sie sie nicht mehr brauchen, legen Sie sie auf die Treppe. Ich räume sie dann morgen früh wieder weg.«

»Aber . . .«

»Unsere Beziehungen sind so, daß sie nicht besser sein könnten.« Ihre Stimme war ruhig und fest. »Dabei sollten wir es belassen. Wir begegnen uns und reden über das Wetter, und so soll es bleiben.«

»Tina . . .«

Sie schloß ihre Tür.

Die Taschenlampe zeigte, was in normalen Lampenlicht nicht zu sehen gewesen war: Winzige Erhebungen und Eindrücke an den Stellen, wo blauer Himmel war. Es war die einzige Anomalie, die ich finden konnte. Die Farbe auf dieser Fläche hätte glatt sein müssen, und sie war es auch, aber offenbar gab es noch eine darunterliegende Schicht. Es wäre klüger von Gerrit gewesen, wenn er den Himmel mit Gewitterwolken gefüllt hätte – die unregelmäßigeren Pinselstriche hätten die Unebenheiten der darunterliegenden Schicht besser verborgen. Aber dann wäre natürlich der Nachmittag der Kuh verdorben gewesen.

Es wurde eine unruhige Nacht. Ich ging in den kleinen Räumen auf und ab und starrte abwechselnd auf die dunklen Wiesen hinter dem Haus und auf die Straße hinaus, wo eine Anzahl entnüchterter Fußgänger auf dem Nachhauseweg war. Ich hielt meine Fenster geschlossen, bewaffnete mich mit einer eisernen Stange und kam mir wie ein Idiot vor. Ich hatte nun keinerlei Zweifel mehr, daß Gerrit Tills Tod mit dem Gemälde zu tun hatte, daß Max und Anna mich hierhergeschickt hatten, um sich selbst nicht in Gefahr zu bringen, und daß für das Gemälde, das nun unter meiner Matratze ruhte, Ausfuhrverbot bestand. Ich empfand ein starkes Bedürfnis, es loszuwerden – es in den nächsten Kanal zu werfen, und der nächste Kanal war nicht weit. Aber ich kann keine Katze ertränken und auch kein Gemälde. Kunst ist etwas Lebendiges.

Gegen Morgen schlief ich im Sessel vor dem Erkerfenster ein, und als ich erwachte, wußte ich den Namen des Mannes, der vor Maxens Tür so rasch und verstohlen so rasch an mir vorübergeschlichen war – die Wege des menschlichen Geistes sind unergründlich. Sein Bild war schon mehrmals in der Presse gewesen. Es war Ambrose Voyt – Multimillionär, Kunstsammler, ein Mann unbekannter Herkunft, über dessen Lebenserfolg jedoch kein Zweifel bestand.

Wie es heißt, kauft Ambrose Voyt nichts, was nicht mindestens eine halbe Million wert ist. Ich sah auf die Uhr. Es war halb sechs, und die Häuserfront gegenüber leuchtete rosa im Morgenlicht. Ich stand auf, machte mir eine Tasse Kaffee, trank ihn, riß die papierende Rückenverkleidung des Bildes ab, sah sie mir an, schlug die Zeit tot, bis die Geschäfte aufmachten, verließ das Haus, gab das Auto zurück, wurde nicht festgenommen, kehrte mit Paketen in der Hand zu Fuß zurück und verabschiedete mich von der Kuh.

»Dem Himmel sei Dank, daß du wieder da bist«, sagte Max. »Du bist doch wieder zurück, oder? Von wo rufst du an?«

»Ja, ich bin wieder da.«

»Ich hatte dich schon vor zwei Tagen erwartet; was ist passiert?«

Ich sagte ihm, daß ich noch einiges hatte erledigen müssen.

»Und . . . hast du das Bild?«

»Ja.«

Ich hörte einen Seufzer der Erleichterung. »Es ist hübsch, nicht wahr?«

»Ja, sehr nett.«

»Bringst du es gleich?«

Sofort sei es nicht möglich, sagte ich.

Eine lähmende Stille trat ein, und dann sagte Max mit einer Stimme, die ich fast nicht erkannte: »Was ist los?«

Ich erklärte ihm, daß es vielleicht ein kleines Mißverständnis gegeben habe, und daß ich bald bei ihm sein würde, um alles zu besprechen.

Ich ließ eine Stunde verstreichen und ging dann hin. Max nickte, als ich zu ihm ins Zimmer trat, und deutete auf einen Stuhl. Er war bleich, und sein Haar schien seinen kupferbraunen Glanz verloren zu haben – vielleicht war das aber auch nur Einbildung. Anna wirkte beherrscht und lächelte nicht. Keine Frau, die nicht wie Anna aussah, konnte schön sein, dachte ich. Augenblicke lastenden Schweigens vergingen, bis Max das Wort ergriff. »Ich hoffe, du wirst mir nicht erzählen, daß mit dem Bild etwas passiert ist. Es ist doch nicht beschädigt worden, oder?«

»Nein. Nichts dergleichen.«

»Und du hast es mit nach New York gebracht?« Ich nickte. »Na gut!« Er zwang sich zu einem Lächeln. »Dann ist es also das Geld, nicht wahr? Ich geb dir dein Geld, und dann bringst du mir das Bild. Wie wär's damit?«

Ich sagte nichts.

»Oder vielleicht möchtest du, daß wir's abholen. Anna begleitet dich zu deiner Unterkunft, und vielleicht hättest du dann nichts dagegen, sie dann wieder hierherzubegleiten.«

»Ganz so einfach ist es nicht.«

Ich merkte, wie ein Ruck der Anspannung durch Maxens Körper ging. Er sah weg – nicht zu Anna hin, sondern einfach weg. Dann schaute er wieder mich an. »Vielleicht kannst du uns sagen, warum es nicht ganz so einfach ist.«

»Unsere Vereinbarung, Max. Zehn Prozent . . .«

»Ah!« Er lächelte. »Vielleicht war ich nicht großzügig genug. Und natürlich sind wir sehr dankbar. Sagen wir fünfzehn? Obwohl ich dir nicht verhehlen kann, daß ich das nicht von dir erwartet hätte. Was vereinbart ist, ist vereinbart.«

»Zehn Prozent sind in Ordnung. Zehn Prozent vom Verkaufspreis.«

»Ja. Darauf haben wir uns geeinigt. Zweitausend Dollar.«

»Vierzig.«

»Oh!« stieß Anna hervor.

»Möchtest du mir das bitte erklären?« sagte Max mit eisiger Stimme.

Ich lehne mich in meinem Stuhl zurück. »Erst mal einen Schnaps, Max – dann können wir reden wie zivilisierte Leute. Und du brauchst dir keine Sorgen zu machen – ich werde dir nichts erzählen, was du nicht sowieso schon weißt.«

Max langte nach der Flasche in dem Regal hinter ihm, ohne die Augen von mir zu wenden. Anna starrte mich, als sie mir ein Glas reichte, an wie aus unendlichen Weiten.

Ich wartete, bis sie sich wieder gesetzt hatte. »Gerrit Till ist tot.«

Anna preßte die Hand gegen den Mund. Max ließ sich keine Reaktion anmerken.

»Ermordet.«

»Nein«, schluchzte Anna. »Nein!« Die Hand fiel schlaff auf den Schoß. Das Entsetzen in ihrer Stimme und ihren Augen war echt.

Ich spürte Wut in mir hochsteigen. »Wißt ihr, daß seine Mutter noch lebt? Eine uralte Frau, irgendwo auf den indonesischen Inseln? Das wird ihr das Herz brechen.« Mein Blick ging von Anna zu Max. »Es war eine Gemeinheit, den Mann umzubringen.«

»Das finde ich auch«, sagte Max. »Erzähl, was passiert ist.«

Ich berichtete, was im Radio gesagt worden war, besonders die Aussage der Putzfrau, die den Mann gegen fünf Uhr gefunden hatte. Die Morgenzeitung hatte berichtet, es sei ein furchtbarer Schlag für sie gewesen.

»Oh, es ist so schrecklich«, stieß Anna hervor. »So schrecklich.«

»Ihr beide habt mich reingelegt«, sagte ich.

»Was?« sagte Max. »Was?«

»Ich hatte inzwischen Zeit, über alles genau nachzudenken. Du hast dieses Bild für Ambrose Voyt gekauft . . .« Maxens Kaumuskeln begannen zu arbeiten, » . . . und das bedeutet, daß es wohl eine halbe Million wert ist. Natürlich weiß ich es nicht ganz sicher; sagen wir also vorsichtshalber vierhunderttausend. In Ordnung? Bei hundert Prozent Aufschlag hättest du also Gerrit Till zweihunderttausend gezahlt, vielleicht eine Viertelmillion. Die zweitausend, die ich überbrachte, dienten nur dazu, keinen Verdacht in mir aufkommen zu lassen, und nicht als Bezahlung. Als ich sie ihm gab, lachte er. Und jetzt verstehe ich auch, warum.«

»Faszinierend«, sagte Max. »Komm, laß mich dir nachschenken.«

»Nein, danke. Du zahltest ihm seine Viertelmillion, wartetest, bis ich das Bild geholt hatte, was ich freundlicherweise für dich tat – erschossest ihn und holtest dein Geld zurück. Ambrose Voyts Geld.«

»Aber warum sollte ich denn dich schicken?« erwiderte Max. »Warum hätte ich dann nicht alles gleich selbst getan?« Er lächelte mich an. »Du bist mein guter Freund, Peter, aber ein verrückter Kerl bist du auch.«

»Du hast mich geschickt ...« ich suchte nach einem Grund, »... damit ich das Bild durch den Zoll bringe. Die Zöllner sollten es sehen. Immerhin wissen die, daß ich auch ein wenig mit Kunst handle. Du wolltest den Verdacht von dir ablenken, Max! Warum muß ich dir das alles erklären? Du weißt es besser als ich. Wäre ich festgenommen worden, wer hätte schon geglaubt, daß ich Till nicht getötet habe? Ich war dort. Mein Auto wurde gesehen.«

»Aber das ist doch Unsinn.« Er schenkte sich Genever ein, trank ihn und setzte das Glas seufzend ab. »Siehst du, das ist für uns alle ein großer Schock gewesen. Gerrit war ein guter Mann. Schrecklich, was da passiert ist. Und du – ich fürchte, du leidest an einer etwas überhitzten Phantasie. Das Bild ist eine hübsche kleine Landschaft, nichts weiter, und es erinnert Ambrose Voyt an die Gegend, in der er geboren wurde – irgendwo in Osteuropa, glaube ich. Er hat einen Hang zur Sentimentalität. Für ihn ist das Bild zwanzigtausend wert, für jeden anderen nur die Hälfte. Wahrscheinlich weniger. Was darüber hinausgeht, ist Phantasie.«

Ich stand auf.

»Max und ich waren die ganze Zeit hier in der Stadt, während Sie fort waren«, sagte Anna. »Die ganze Zeit.« Ihre Stimme war ernst, und ihr Blick wirkte auf mich. als wollte er Vertrauen erzwingen.

Ich ging zur Tür.

»Wo kann ich dich erreichen?« Max' Stimme klang ruhig, aber ich merkte, wie aufgewühlt er innerlich war. Ich mußte an den blauen Himmel denken, den Gerrit Till auf das Bild gemalt hatte.

»Ich ruf dich morgen an, sobald die Banken geöffnet sind.«

Kurz nach halb zehn kam Max in Hals Wohnung gestampft. Anna war bei ihm. Ich deutete auf das Sofa. Er gab Anna seine Krücken, und beide setzten sich.

Sein Blick ging im Zimmer herum, als hätte er nichts von

Bedeutung im Sinn. »Ist das die Wohnung deines Freundes?«

Ich nickte. »Scheußlich, nicht wahr?«

»Ja, wie kann man nur ein hübsches altes Haus so verhunzen.« Er wandte sich Anna zu.

»Oh Max«, sagte sie mit schwacher Stimme, »ich möchte nicht über die Sache reden.«

Aber Max war wieder ganz der alte. Sein Haar hatte den alten Glanz zurückgewonnen. »Das Bild über deinem Stuhl, hinter deinem Stuhl, besser gesagt. Abscheulich!«

Ich wandte mich um und blinzelte zu dem Gemälde hinauf: Breite, schwarze Striche, die sich auf fahlweißem Grund kreuzten.

»Der Kline des armen Mannes«, sagte Max. »Linkshändiger Maler, wenn ich mich nicht sehr irre.« Er kniff die Augen zusammen. »Wer ist es, Peter, kannst du mir das sagen?«

Unverdrossen drehte ich mich wieder herum. »P. H., P. L., irgend so was.«

Er zuckte die Achseln. »Kenne ich nicht.«

»Bitte Max«, flehte Anna. »Können wir nicht zur Sache kommen und dann wieder gehen?«

»Natürlich«, erwiderte Max. »Peter, das Bild.«

»Das Geld.«

Er zog ein Bündel Geldscheine aus der Tasche und legte es auf den Tisch neben das Sofa. »Zweitausend«, sagte er. »Und den Unsinn von gestern wollen wir rasch vergessen.«

»Vierzig.«

»Nein«, sagte Max. »Daß Gerrit ermordet worden ist, tut mir leid. Ich darf dich daran erinnern, daß ich ihn länger kannte als dich. Und wegen seiner Mutter tut es mir auch leid. Eine wirklich liebenswürdige Frau – niemand sollte so leiden müssen. Aber was da geschehen ist, hat nichts mit Anna oder mir zu tun, nicht das Geringste. Mein lieber Freund, ich muß auf der Übergabe des Gemäldes bestehen.«

Ich schüttelte den Kopf.

»Seien Sie doch vernünftig!« Anna war aufgesprungen. »Max gibt Ihnen das Geld, die vierzigtausend. Alles, was Sie wollen. Was den Wert des Bildes anbetrifft, so haben wir Sie getäuscht, das stimmt – aber andernfalls hätten Sie es nicht geholt, nicht wahr? Das können Sie doch nicht leugnen! Wir hatten nicht die Absicht, Sie in Gefahr zu bringen, und wir haben es auch nicht getan! Glauben Sie mir! Die Leute vom Zoll haben keinen Ärger gemacht, nicht wahr? Was passierte, war reiner Zufall! Ein schrecklicher Zufall! Außer...« Ein kaum wahrnehmbarer Anflug von Belustigung ging über ihr Gesicht. »... *Sie* haben eine Dummheit gemacht.«

Das war eine Antwort nicht wert; und ich gab auch keine.

»Max – gib ihm das Geld. Du hast es mir versprochen. Du hast es versprochen.«

»Nein«, sagte Max. »Er hat nicht den Schatten eines Beweises. Natürlich...« er fixierte mich, »... ist der Erpresser in einer vorteilhaften Position. Ein Mordvorwurf ist eine starke Waffe, wie eine Keule. Das ist mir schon klar, glaube mir. Aber ich wiederhole – du hast keinen Beweis.«

»Beweise kann man beschaffen«, entgegnete ich. »Angenommen, ich fange mit den Passagierlisten der Flugzeuge an, die am Dienstag in Schiphol gelandet sind.«

»Daß du die kriegst, bezweifle ich.«

»Aber die Polizei bekommt sie ohne Probleme.«

»Max, ich bitte dich. Er ist verrückt. Er macht uns noch endlose Schwierigkeiten.« Anna starrte auf den Boden; aus ihrem Gesicht war alle Farbe gewichen.

Max ließ für einen langen Moment seinen Blick auf ihr ruhen – es war ein seltsamer Blick unter halb gesenkten Lidern. »Also gut, Peter«, sagte er mit tonloser Stimme. »Ich akzeptiere deine Bedingungen. Und jetzt her mit dem Bild.«

»Das Geld, wenn es dir nichts ausmacht.«

Er langte in eine Tasche, und dieses Mal war das Banknotenbündel beträchtlich dicker. Mit einer verächtlichen Geste warf er es auf das Tischchen und breitete dann die Scheine drauf aus. Er zog seine Hand nicht zurück. »Rühr – es nicht an.« Seine Stimme war völlig ruhig, aber unter seinem Auge nahm ich ein Zucken wahr. »Erst das Bild. Ich stelle fest, daß dies deine Provision ist – zehn Prozent des Schätzwerts. Es ist eine Provision, nichts weiter – kein Schweigegeld, und es ist auch kein Eingeständnis damit verbunden. Dein Anteil wurde berichtigt, damit uns künftiger Ärger erspart bleibt.«

»Gut.«

»Also dann, her mit dem Bild.« Er stemmte sich hoch und stand zwischen mir und dem Tisch, unsicher ohne die Krücken, die Anna so fest umkrampft hielt, daß ihre Knöchel weiß hervortraten.

Ich wandte mich um und nahm den Arme-Leute-Kline von der Wand.

»Oh«, entfuhr es Anna.

»Das soll es sein?«

»Allerdings. Unter deiner Landschaft, unter der du es hast verstecken lassen.«

»Wenn du es beschädigt hast!« Seine Augen waren aus den Höhlen getreten. »Es ... es ist von unschätzbarem Wert!«

»Wenn ihm deine Landschaft keinen Schaden zugefügt hat, dann ist ihm durch meine kleine Bemühung auch nichts passiert«, erwiderte ich. Er schnappte wie ein an Land gezogener Karpfen. »Eines würde mich interessieren«, fuhr ich fort. »Wie habt ihr das Gemälde geschützt, bevor Gerrit es übermalte?« Ich lächelte. »Jetzt ist seine Landschaft allerdings ruiniert.«

Annas Stimme bebte vor Erleichterung. »Es wurde auf einer Styrene-Folie übermalt. Drei Millimeter. Natürlich bedarf es eines Tricks, damit die Farbe hält. Gerrit wußte, wie man das macht.« Bei der Erwähnung seines Namens brach sie in Tränen aus.

Ich sah Max an. »Was ist darunter?«

»Das geht dich nichts an«, antwortete Max. Er nahm seine Krücken und sie gingen ohne ein weiteres Wort. Anna trug das Gemälde.

Ich nahm mein Geld vom Tisch und ging zur Tür, um sie zuzumachen. Max und Anna standen noch in dem altmodischen Vorraum. Ich sah, wie Max eine Krücke beiseite stellte und mit seinen kräftigen Fingern Anna die Tränen von der Wange wischte. Dann beugte er sich zu ihr nieder und murmelte ganz leise irgend etwas. Anna lächelte. Die schwere Glastür verschlang ihre Stimme fast, aber ich erkannte doch den Tonfall. »Alles in Ordnung«, glaubte ich sie sagen zu hören. »Wirklich, mir fehlt nichts.«

Sie gingen.

Ich sagte mir, daß ich niemanden übervorteilt, sondern bloß einen angemessenen Anteil an einem Geschäft verlangt hatte. Auch deckte ich kein Verbrechen. Ich besaß nicht die Spur eines Beweises, nur eine subjektive Gewißheit; ich hatte undeutlich ein paar Worte gehört und mir eine Theorie zusammengereimt, die möglicherweise richtig war, vielleicht aber auch falsch. Max hatte mir ja das Geld gegeben. Ich schloß die Tür und ging ins Zimmer zurück. Ein mürrischer alter Mann von zweiunddreißig, der sich fragte, wozu Geld überhaupt gut war.

Ich brachte meine Geschäfte in New York zum Abschluß und flog dann nach Genf zurück.

Immer noch muß ich an Anna denken, wie sie im Vorraum stand und weinte. Und wenn ich mich täusche? Ist es möglich, daß eine Frau mit einem so vollen, ruhigen Gesicht, solchen Augen, solchen Lippen einen anständigen Mann – oder irgendeinen Mann – kaltblütig ermordet, selbst für eine bedeutende Geldsumme? Ich sage mir, daß es unmöglich ist. Und doch, da ist Annas Eigenheit, ihre Worte zu wiederholen, und die Erinnerung an eine Stimme, ein Murmeln hinter einer schweren Tür – als jemand zu Gerrit Till in der letzten Stunde seines Lebens *Es niet stom* sagte – sei nicht albern – und es noch einmal wiederholte.

Im Oktober werde ich wieder in New York sein. Ich werde sie zum Essen einladen, zu einem Essen für zwei. Wir werden den ganzen Abend plaudern, vielleicht auch die ganze Nacht, und Anna wird mir alles sagen, was ich zu wissen verlange.

Aber wieviel möchte ich wirklich wissen?

Vielleicht reden wir auch nur über das Wetter.

Aber ich sollte eigentlich die Wahrheit wissen, nicht wahr? Die Wahrheit ist ein durch nichts zu ersetzendes Gut.

Es niet stom. Aber Anna hat es mir angetan.

Originaltitel: BARBAROSSA AND COMPANY. 2/81
Übersetzt von Dolf Strasser

David Thomas

Alpträume

Sein Bruder hatte wieder einen Alptraum – John Druker hörte es. Die Art seiner Klagelaute und die Worte, die er stammelte, ließen erkennen, daß es der gleiche Traum war. Sein Bruder Pete im Schlafzimmer nebenan brauchte ihn. So leise er konnte, ließ Druker sich aus dem Bett gleiten. Er wollte sein Frau Linda nicht aufwecken.

»Der Mörder ist wieder hinter deinem Bruder her«, murmelte Linda in ihr Kissen.

»Ja, ich weiß«, sagte Druker ruhig.

»Wenn du nach ihm gesehen hast, müssen wir darüber reden.« Linda hatte den Kopf immer noch in das Kissen gedrückt.

»Stets zu Diensten«, wollte Druker fast sagen, entschied sich aber dann, daß das wohl zu kindisch sei.

»Also gut, wir sprechen darüber«, sagte er.

Er stand auf und ging hinüber zu Pete, wo er innehielt. Petes Anfälle drehten ihm fast den Magen um. Von Geburt an war Pete nicht gesund gewesen. Sein Alptraum erinnerte Druker an einen Vorfall in seiner eigenen Kindheit. Auf dem Nachhauseweg von der Schule sah er, wie eine Menschenmenge um einen überfahrenen Hund herumstand. Die Hinterbeine des Tieres waren zerdrückt. Das war schlimm genug; was Druker aber am meisten erschreckt hatte, war der röchelnde Klagelaut des überfahrenen Hundes. Seit jenem Tag war Druker empfindlich für die Leiden hilfloser Lebewesen.

Er knipste die Leselampe über dem Bett an. Licht half. Es schien die Schreckensvisionen seines Bruders zu vertreiben.

»Ganz ruhig, Pete.«

Er konnte seinen Bruder gerade noch auffangen. Einhundertzwanzig Pfund in einem schweißdurchtränkten Pyjama prallten ihm gegen die Rippen. Er taumelte ein wenig zurück, gewann sein Gleichgewicht wieder und legte dann Pete vorsichtig aufs Bett zurück. Petes Augen standen weit offen. Sein Atem ging hechelnd. Druker dachte an Petes Herz.

»Er ist jetzt fort«, sagte Druker.

Er ließ Petes Arme los und ging zum Apothekenschränkchen im Badezimmer. Er öffnete die Schublade, in der sich Petes Herzmittel befanden. Pete war nicht nur leicht zurückgeblieben, er war auch mit einem Herzklappenfehler geboren. Druker nahm zwei Fläschchen, eines mit Valium und eines mit Inderal. Wieviel? Er würde es mit je einer halben Tablette versuchen. Im Hinausgehen nahm er das Stethoskop und ein Glas Wasser.

»Nimm das, Pete«, sagte Druker.

»Ja, Johnny«, murmelte Pete und schluckte die Tabletten.

Druker öffnete Petes Pyjamajacke und horchte ihn mit dem Stethoskop ab.

»War er wieder am Fenster?« fragte er, den Blick auf den Sekundenzeiger seiner Armbanduhr gerichtet.

Pete nickte.

»Hatte er den großen Revolver?«

»Ja.«

Der Herzschlag war sehr schnell und unregelmäßig. Frequenz einhundertzwanzig, stellte Druker fest. Er wartete auf den Eintritt der Wirkung der Medizin.

»Es war nur ein Traum«, sagte er.

»Ja, jetzt weiß ich es.«

Als sich die Herzfrequenz auf neunzig verlangsamt hatte, nahm Druker das Stethoskop von Petes Brust und strich ihm das Haar aus der Stirn.

»Geht es dir jetzt wieder besser?« fragte er.

»Ja, Johnny.«

»Gut. Ich lasse das Licht an, wenn du willst.«

»Ja. Lasse es brennen bis zum Morgen.«

Druker stand auf.

»Ich mag dich sehr gern«, sagte Pete.

»Ich mag dich auch sehr gern, Pete.«

Druker brachte Stethoskop und Glas wieder ins Badzimmer zurück und ging dann von neuem zu Bett. Linda schien zu schlafen. Gut. Er wollte jetzt nicht reden.

Linda drehte sich um und fragte: »Wie geht es Pete?«

»Ich gab ihm etwas Valium und Inderal. Der Herzschlag hat sich wieder normalisiert.«

»Du hättest Arzt werden sollen.«

Druker lächelte. »Vielleicht.«

»War es der gleiche Traum?«

»Der gleiche. Der Mann mit dem großen Revolver.«

»Liebling, glaubst du wirklich, daß er bei uns glücklich ist? Als er in der Stadt war, schien er sich wohlzufühlen. Du selber sagtest doch, daß er diese Träume nie hatte, ehe er zu uns kam.«

»Von den Träumen weiß ich zu wenig. Aber über sein Herz muß ich mir Gedanken machen. Er ist mein Bruder. Wenn er allein in der Stadt vegetiert, dann kann sein Herz ihn umbringen. Und was die Träume angeht, so können wir ihm da vielleicht helfen. Morgen werde ich mit diesem Dr. Kessen von der Sozialfürsorge sprechen, der ihn behandelt hat. Vielleicht kann er etwas tun.«

Linda drehte sich um, so daß sie Druker jetzt den Rücken zu wandte.

»Ich möchte nicht hart erscheinen«, sagte sie. »Aber manchmal müssen wir auch an uns selbst denken; manchmal stört er uns wirklich.«

Druker fuhr mit den Fingern durch das goldblonde Haar seiner Frau. Sie war so hübsch, und er liebte sie so sehr, daß er aus Angst, sie zu verlieren, ihr nur selten widersprach.

»Pete mag dich sehr gern«, sagte er leise. »Er sagt, du siehst aus wie ein Engel. Und weißt du was? Er hat recht.«

Sie bewegte sich, drehte sich aber nicht zu ihm um und blieb stumm. Er spielte weiter mit ihrem Haar.

»Ja, du bist wirklich schön«, sagte er schließlich.

Linda tat, als ob sie schliefe.

Am nächsten Vormittag ging Druker zur Sozialfürsorge, um bei Dr. Kessen vorzusprechen.

»Aus allem, was Sie sagen, scheint mir hervorzugehen, daß Pete an hypnagogischen Wahnvorstellungen leidet, wie wir es nennen«, erklärte Kessen.

Druker mochte Kessen, weil der Mann Blue-Jeans und Stiefel trug und sehr umgänglich war.

»In Petes Hirn sind die Leitungen durcheinandergekommen«,

fuhr der Arzt fort. »Sein Körper liegt in tiefem Schlaf. Geistig ist er bereit für das Traumstadium, aber seine Augen bleiben offen. So vermengen sich bei ihm Wirklichkeit und Phantasie, und Pete hat Visionen von erschreckender Klarheit, sehr verwirrende Visionen in seinem Fall. Ich möchte hinzufügen, daß so etwas nicht nur Leuten wie Pete zustößt. Auch Ihnen ist das vielleicht schon passiert.«

»Mhm«, machte Druker, nicht sicher, ob es auch stimmte.

»Für diese hypnagogischen Bilder sind wir vor allem in Streßperioden anfällig. Vielleicht haben wir etwas getan, worauf wir nicht sonderlich stolz sind, vielleicht ist ein lieber Mensch gestorben. Solche Dinge lösen die Bilder aus.«

»Nun«, sagte Druker, »wenn wir herausfinden könnten, wodurch sie bei Pete ausgelöst werden ... vielleicht könnten Sie mit ihm sprechen, damit er nicht mehr davon geplagt wird.«

»Ich möchte mit ihm reden, natürlich. Allerdings kann ich nicht versprechen, daß er von diesen Träumen erlöst wird. Das muß ich Ihnen ganz unmißverständlich sagen.«

Druker nickte. »Ich verstehe.«

»Noch etwas«, sagte Kessen, als Druker aufstand. »Wenn Pete seinen Alptraum hat, nähern Sie ich ihm vorsichtig. Daß Sie das Licht einschalten, ist gut. Es holt ihn wieder in die Realität zurück. Im Dunkeln aber könnte Pete Ihr Bild mit dem des Mannes mit dem Revolver verwechseln, und wenn Sie ihn dann berühren, könnte ihn der Schock bei seiner Herzschwäche umbringen.«

Das war Druker ohnehin klar. Er hatte schon zusehen müssen, wie Petes Körper von grauenvollem Schütteln befallen worden war. Er würde vorsichtig sein, sagte er. Bald nachdem er in sein Büro zurückgekehrt war, rief Druker Linda an.

»Hast du dich nach der Möglichkeit erkundigt, daß Pete wieder in die Stadt zurückgeht?« fragte sie.

»Das Thema kam nicht zur Sprache.«

Linda redete auf ihn ein und beharrte auf ihrem Standpunkt. Pete, sagte sie, sei in der Stadt besser dran. Druker erklärte sich schließlich bereit, sich in dem Heim in der Stadt zu erkundigen, ob Pete wieder dorthin zurückkehren konnte. Er log, um Linda zufriedenzustellen. Er würde das Heim aufsuchen und zu Hause dann Linda erklären, es sei für Pete kein Platz.

»Ich komme etwas später nach Hause«, sagte Druker.

»Dann übernachte ich heute bei meiner Schwester«, sagte Linda.

Druker geriet fast in Rage. In Petes Jugend hatten sich die Nachbarn Sorgen wegen ihrer Töchter gemacht. Aber Pete hatte dazu nie Anlaß gegeben. Dieses Problem hatte er nie gehabt.

»Er rührt dich nicht an«, sagte Druker, bemüht, seine Stimme unter Kontrolle zu halten.

»Ach, das ist es nicht, Liebling. Das ist es wirklich nicht. Susie möchte schon lange, daß ich mal zu ihr komme. Frauenklatsch, weißt du.«

»Natürlich, Frauenklatsch.«

»Alter Softy«, murmelte Linda, als sie auflegte. Sie ging zur Küche und sah Pete beim Abspülen zu. Abspülen war auch in der Stadt sein Job gewesen. Pete konnte das wirklich gut. Manchmal holte er sogar sauberes Geschirr aus dem Schrank und spülte es noch einmal ab, wie jetzt. Linda ging ins Schlafzimmer zurück, nahm das Telefon und rief die Fürsorge an. »Kann ich bitte Dr. Kessen sprechen?«

Druker hatte sich für den Rest des Tages beurlauben lassen. Er fuhr in die Stadt und parkte vor dem Heim, das Pete fast drei Jahre lang beherbergt hatte. Es war ein Viertel mit alten Gebäuden, und das Heim erinnerte Druker immer an Musicals, die um die Jahrhundertwende spielten. Als Pete noch in dem Heim lebte, hatte ihn Druker häufig besucht.

Donna Moore, die Heimleiterin, empfing Druker an der Tür. Sie erkannte ihn auf der Stelle und fragte, wie es Pete gehe.

»Deswegen bin ich hier«, erwiderte Druker. »Er hat ein Problem, und ich wollte mit Ihnen darüber sprechen.«

Sie bat ihn herein. Einige Insassen versetzte sein Erscheinen in Aufregung. Sie kamen mit ausgebreiteten Armen auf Druker zu und wollten ihn an sich drücken. Mrs. Moore mußte sie zurückhalten. »Mr. Druker ist unser Gast. Und er soll doch nicht glauben, daß wir keine Ladies und Gentleman sind, nicht wahr?« sagte sie.

Sie führte ihn in die Halle und lud ihn ein, sich zu setzen.

»Nun, was ist denn mit Pete? fragte sie.

Er beschrieb die Träume und Dr. Kessens Interpretation.

»Nein, ich glaube nicht, daß Pete hier jemals so heftige Alpträume hatte«, sagte Mrs. Moore. »Nur ein einziges Mal gab es etwas Ungewöhnliches. Er kam aus seinem Zimmer gerannt und schrie, daß jemand durch sein Fenster einsteigen wollte. Ein Mann mit einem Revolver – zumindest sagte Pete das. Aber das war kein Traum. Um ihn zu beruhigen, führte ich ihn zurück zu dem Fenster; ich glaubte natürlich, daß es wirklich ein Traum gewesen war. Und ich mußte feststellen, daß das Fliegengitter von außen losgerissen worden war.«

»Riefen Sie die Polizei?«

»Natürlich. Aber wir waren uns einig, daß es Kinder gewesen sein mußten. Wegen der Art unseres Heimes spielt man uns oft solche Streiche.«

»Sehr bedauerlich.«

»Meinen Sie, daß das die Träume erklärt?«

»Seine Alpträume sind ganz ähnlich. Wann ist das passiert?«

»Etwa eine Woche, ehe er uns verließ.«

Fast zehn Minuten sprachen sie über Pete. Er war einer von Mrs. Moores Lieblingen gewesen. Sie fragte, wie es ihm gehe und wie seine Chancen seien, eine neue Arbeit zu finden. Die Frage, ob Pete vielleicht wieder in das Heim zurückkönne, stellte Druker gar nicht. Er dankte Mrs. Moore für ihre Zeit.

Während sie ihn zum Ausgang begleitete, fiel Mrs. Moore etwas ein. »Etwa zwei Wochen, nachdem Sie Pete bei sich aufnahmen, war jemand von der Polizei hier. Es könnte sein, daß Pete etwas gesehen hat. Einen Augenblick. Der Mann hinterließ eine Karte. Sie ist in meinem Schreibtisch. Ich bin gleich wieder zurück.«

Druker fühlte sich unbehaglich. Er hoffte, daß Pete sich keinen Ärger eingehandelt hatte.

»Ich berichtete ihm, daß Pete nunmehr bei Ihnen wohnt«, sagte sie, als sie wieder zurückkam. »Hat sich in der Zwischenzeit jemand an Sie gewandt?«

»Nein.«

Donna gab Druker die Karte. »Special Agent Frank Rand, Dezernat für organisiertes Verbrechen«, stand darauf, dazu eine Telefonnummer.

»Vielleicht hat Pete Probleme bekommen«, sagte Druker.

»Nein, nein, der Beamte versicherte mir, daß Pete nichts Unrechtes getan hat. Er ist ein guter Junge.«

»Ich hoffe es«, murmelte Druker, während er sich die Karte ansah.

Er würde Special Agent Rand anrufen.

Am Stadtrand hielt er vor einem Waffengeschäft und kaufte einen 32er Smith and Wesson und eine Schachtel Patronen. Druker hatte nie einen Revolver besessen – geschweige denn mit einem geschossen. Rand hatte Druker ermahnt, Ruhe zu bewahren. Der Special Agent hatte ihm zugesagt, er würde die nötigen Informationen einholen und Druker sofort zu Hause anrufen.

Während er sein Auto über die nächtlichen Straßen steuerte, dachte er an den Killer am Fenster und an Frank Rands Geschichte.

Zwei Brüder, Joe und Billy Mapes, waren aus Dallas hierhergekommen. Die Zeitungen nannten sie die Texas-Mafia. Sie hatten zwei schlechtgehende Bars gekauft und in Goldgruben verwandelt. Ihre Methoden hatten freilich der Polizei Anlaß gegeben, sich näher mit ihnen zu befassen.

Zwei Jahre vergingen. Die Brüder versuchten, eine Bar namens »Harem« an sich zu bringen, doch der Eigentümer, Harry Chappas, weigerte sich, zu verkaufen. Nun drohten die Brüder Chappas zunächst mit finanziellem Ruin, dann mit körperlicher Gewalt und schließlich mit dem Tode. Als die Brüder ihre zweite Drohung wahr gemacht hatten – sie sandten einen Muskelmann, der Chappas' linken Arm brach –, ging Chappas zum Staatsanwalt. Eines führte zum anderen; es kam zur Anklage gegen die Mapes-Brüder. Die Anklagepunkte reichten von Kuppelei bis zu Erpressung.

Drei Tage nach Erhebung der Anklage wurde Chappas erschossen, als er durch die Hintertür den »Harem« verließ. Wegen der Technik des Killers – ein einziger Schuß in den Nacken, kein Geräusch, Kaliber 9 mm – und auf Grund von Informationen aus Unterweltkreisen, faßte die Polizei den Verdacht, daß der Täter ein professioneller Mörder namens Albert Venutto war.

Venutto wurde in Los Angeles verhaftet, aber er hatte ein einwandfreies Alibi für die Mordnacht.

Nun wurde ein im »Harem« beschäftigter Tellerwäscher gesucht, der möglicherweise zur Tatzeit Abfälle aus dem Hause geschafft hatte. Als der Special Agent allerdings feststellte, daß der Spüler geistig behindert war, wurden die Nachforschungen eingestellt. Der Grund dafür war, daß eine solche Person höchstwahrscheinlich keinen glaubwürdigen Zeugen abgeben würde.

»Aber Pete ist nur ganz leicht behindert«, hatte Druker zu Rand gesagt. »Er weiß, was er sieht.«

»Wenn das so ist«, hatte Rand erwidert, »dann ist er deswegen vielleicht in Gefahr. Der Mann mit der Waffe am Fenster des Heims war vielleicht Venutto mit seiner Parabellum und dem großen Schalldämpfer.«

Druker steuerte den Wagen die Einfahrt zu seiner Garage hinauf. Im Haus war es dunkel. Ehe er ausstieg, lud er den Smith and Wesson. Als er die Haustür öffnete, hörte er Pete schreien.

Nur keine Aufregung, dachte er sich. Es ist nur ein Traum.

Leise ging Druker zu Petes Schlafzimmer. Statt das Licht anzudrehen, hob er den 32er und legte an, wie er das im Film gesehen hatte. Der Mann am Bett berührte mit der Hand Petes Stirn, als überprüfe er dessen Körpertemperatur. In der linken Hand hielt er eine Pistole.

»Venutto«, sagte Druker.

Der Killer fuhr herum; die Waffe fiel zu Boden. Durch das Gesicht des Mannes erschreckt, feuerte Druker. Der Kopf des Killers lag hinter einer monströsen Maske, die grünlich schimmerte.

Ein Feuerstrahl schoß aus dem Revolver. Der Mann war zum offenen Fenster gesprungen. Druker zielte auf die Schultern und schoß noch zweimal. Der erste Schuß war bereits tödlich; der zweite warf den Körper über das Fensterbrett. Kopf und Schultern hingen ins Freie hinaus.

Druker machte das Licht an. Ohne sich Pete anzusehen, rannte er ins Bad, holte die Medizinfläschchen und Wasser. Dann eilte er zu Pete und ließ ihn ein ganzes Valium und ein ganzes Inderal schlucken.

»Ruhig, Pete. Ich rufe einen Krankenwagen.«

Druker lief ins nebenan gelegene Schlafzimmer, aber noch ehe er den Hörer abnehmen konnte, läutete das Telefon. Er fluchte. Wer, zum Teufel, rief um diese nächtliche Stunde an? Er hob ab, um der

Person am anderen Ende der Leitung gehörig die Meinung zu sagen.

»Mr. Druker, hier ist Frank Rand. Gute Nachricht. Er ist tot.«

»Was!«

»Albert Venutto starb vor zwei Monaten. Bei einer Familienfeier. Erstickte an einem Hühnerknochen.«

Druker schmetterte den Hörer auf die Gabel und jagte in Petes Zimmer zurück. Die Waffe war nur eine Spielzeugpistole, das sah er jetzt. Er langte zum Fenster hinaus und drehte den Kopf des Killers zu sich herum. Die Maske hatte er schon einmal gesehen. Es war die Frankenstein-Maske, die sein Neffe Bobby im letzten Fasching getragen hatte. Strähnen blutigen blonden Haares lugten darunter hervor.

Es war Linda.

Originaltitel: DEEP SLEEP. 3/82
Übersetzt von Dolf Strasser

Jack Ritchie

Hinter verschlossenen Türen

»Es handelt sich um eine sehr delikate Angelegenheit, Mr. Cardula. Was Sie von mir hören, muß der striktesten Vertraulichkeit unterliegen.«

»Sie können mir völlig vertrauen, Sir.«

Er nickte. »Ich bin bereit, Ihre Bemühungen großzügig zu honorieren, Mr. Cardula. Großzügig.«

Gewöhnlich erklären sich meine Klienten, wenn es um die Aushandlung des Honorars geht, für beinahe oder völlig mittellos. Bieten sie mir freiwillig Geld, werde ich immer argwöhnisch. Und neugierig.

Thompson war ein gutgekleideter, hagerer Mittfünfziger mit gut manikürten Fingernägeln. Blutgruppe B, vermutete ich.

»Sind Sie ein hauptberuflicher Privatdetektiv?« fragte er. »Ich meine, nicht nur einer, der nach Dienstschluß einen Nebenberuf ausübt? In Ihrer Anzeige im Branchentelefonbuch heißt es doch ›Nur während der Nachtstunden‹, und das fand ich sehr ungewöhnlich.«

»Ich bin eben ein Nachtmensch, Sir.«

Er zog seinen Stuhl näher heran und kam zur Sache. »Ein Gemälde wurde gestohlen.«

»Sie haben bereits die Polizei informiert, nehme ich an?«

»Nein. Ich möchte unter keinen Umständen, daß sich die Polizei in die Sache einmischt. Aber ich will mein Gemälde zurückbekommen. Haben Sie schon von dem Bild ›Das Fest‹ gehört? Es ist Van Goghs weniger bekannte Fortsetzung zu ›Die Kartoffelesser‹.«

Seine Worte erinnerten mich an etwas. »›Das Fest‹ wurde vor vier oder fünf Jahren aus dem Andrews Museum gestohlen. Trotzdem bezeichnen Sie es als *Ihr* Bild?«

»Ich bezahlte gutes Geld dafür.«

»Sie kauften es von dem Dieb?«

»Etwa eine Woche, nachdem es aus dem Museum verschwand. Er kam zu mir.«

»Und sie wußten, daß es gestohlen war?«

Er rutschte auf seinem Stuhl heraum. »Ja, schon. Aber wenn ich es nicht genommen hätte, hätte er es an jemand anderen verkauft. Das konnte ich nicht zulassen.«

»Und Sie kamen gar nicht auf den Gedanken, die Polizei zu verständigen?«

Er zuckte die Achseln. »Da hätte alles mögliche schiefgehen können, und vielleicht wäre der Mann dann für immer verschwunden, und das Gemälde mit ihm. Nein, die einzige Möglichkeit, das Kunstwerk zu retten, bestand darin, daß ich es kaufte.«

»Aber Sie gaben es nicht dem Museum zurück.«

»Nein, eigentlich nicht. Nachdem ich das Bild gerettet und ein erkleckliches Sümmchen dafür bezahlt hatte – und damit hatte ich ja gewissermaßen der Allgemeinheit einen Dienst erwiesen – fand ich, daß ich auch das Recht hatte, mich für ein paar Jahre privat daran zu erfreuen. Natürlich hatte ich die feste Absicht, es schließlich wieder dem Museum zu überstellen.« Er faßte mich scharf ins Auge. »Wenn Sie bei der Polizei auch nur ein Sterbenswörtchen über diese Geschichte verlauten lassen, werde ich alles abstreiten. Außerdem habe ich das Gemälde nicht mehr.«

»Ich habe nicht die Absicht, zur Polizei zu gehen«, sagte ich mit dem Anflug eines Lächelns. »Mein Wort ist mein Wort. Also, der Dieb stahl das Bild und kam zu Ihnen in der Annahme, daß Sie daran interessiert sein könnten, es zu kaufen, um sich selbst eine Freude damit zu machen?«

»So könnte man es wohl ausdrücken. Aber ich habe ihn nicht mit dem Diebstahl beauftragt, falls Sie das meinen.«

Ein Seufzer entrang sich seiner Brust. »Nun, ich hatte also das Gemälde, konnte es aber natürlich nicht anderen zeigen. Deswegen hängte ich es in einem Zimmer im ersten Stock meines Hauses auf. Die Tür dazu hielt ich immer versperrt; ich habe den einzigen Schlüssel. Wollte ich mich an dem Bild delektieren, dann mußte ich erst die Tür aufsperren, und wenn ich ging, verschloß ich sie wieder.«

»Und außer Ihnen wußte niemand, daß Sie es hatten?«

»Niemand. Zumindest glaubte ich, daß niemand es wußte. Allerdings habe ich in dieser Hinsicht jetzt einige Zweifel. Deswegen bin ich auch hier. Hätte ich Grund zu der Annahme, daß irgendein gewöhnlicher Dieb durch Zufall auf das Gemälde gestoßen wäre und sich mit ihm in die Nacht davongemacht hätte, dann würde ich die Sache einfach auf sich ruhen lassen. Aber ich habe so meine Vermutungen.«

»Haben Sie schon daran gedacht, daß der Mann, der Ihnen das Bild verkaufte, es Ihnen vielleicht wieder stahl, um es von neuem an jemand anderen verkaufen zu können?«

»Das ist kaum möglich. Eine oder zwei Wochen, nachdem ich ›Das Fest‹ kaufte, wurde er im Verlaufe eines anderen Diebstahls von einem Museumswächter erschossen.«

»Aber in der kurzen Zeitspanne vor seinem Tod – könnte er da nicht irgendeiner anderen Person erzählt haben, daß er Ihnen das Gemälde verkauft hatte?«

»Vielleicht. Aber warum sollte diese unbekannte Person fünf Jahre lang warten?« Er schüttelte den Kopf. »Jedenfalls, wer auch immer das Gemälde stahl, er wußte genau, wo es in meinem Hause zu finden war. Und es ist das einzige Bild meiner Sammlung, das gestohlen wurde. Sonst hat der Dieb nichts angerührt, obwohl ich andere Meisterwerke besitze, die offen zugänglich an meinen Wänden hängen. Nicht in verschlossenen Räumen.«

»Ihr Personal?«

»Meine Bediensteten sind alle schon sehr lange bei mir. Hätte einer von ihnen eine derartige Absicht gehegt, er hätte schon vor sehr langer Zeit jedes x-beliebige meiner Gemälde entwenden können. Vielleicht sogar alle. Nein, wer immer ›Das Fest‹ stahl – er wollte dieses Bild und kein anderes.«

Ein paar Augenblicke lang sah er mich schweigend an. »Sehen Sie, ich glaube zu wissen, wer der Dieb ist. Oder zumindest, daß es eine von zwei Personen sein muß, die ich verdächtige. Ihre Namen sind Diana McKenzie und Gordon Duffin.«

Er lächelte grimmig. »Ich habe sie immer als Freunde betrachtet. Gute Freunde. Auch sie sind ernsthafte Sammler, und sie waren häufig bei mir zu Gast. Nun ist es möglich, daß ich vor nicht allzu langer Zeit einen Fehler gemacht und mein Geheimnis verraten – den Ort der Verwahrung des Bildes in meinem Haus preisgegeben habe.« Er hüstelte leise. »Unglücklicherweise trinke ich manchmal zu viel. Nur gelegentlich. Und an einem dieser Abende muß mir das Geheimnis entschlüpft sein, wenngleich ich nicht weiß, an welchem

Abend es war und in wessen Gegenwart.«

Er stand auf. »Sie möchten sich den Schauplatz des Verbrechens ansehen, nehme ich an? Ich habe nichts angerührt. Mein Wagen wartet vor dem Haus.«

»Vielen Dank, aber um meine Beförderung kümmere ich mich selbst.«

Den Vorort, in dem Thompson lebte, kenne ich gut – ich selbst bewohne ein großes viktorianisches Haus in einer unweit davon gelegenen ländlichen Gegend – und weil ich immer den direkten Weg nehme, war ich vor ihm zur Stelle. Ich wartete im Schatten, bis Thompson ins Haus gegangen war und sein Chauffeur den Wagen in die Garage gefahren hatte. Dann klopfte ich. Thompson ließ mich ein, bot mir einen Drink an, den ich ablehnte, und mixte sich selbst einen. Er behielt das Glas in der Hand, als er mich in den ersten Stock hinaufführte. Wir gingen den mit Teppichen ausgelegten Korridor entlang, bogen dann in einen schmalen Durchgang und blieben schließlich vor einer Tür stehen. Thompson holte einen Schlüssel aus der Tasche.

Als er die Tür aufgeschlossen und das Licht angeschaltet hatte, trat ich in einen opulent möblierten Raum mittlerer Größe. Thompson deutete auf eine Stelle an der Wand. »Dort hing es.«

Ich sah mich um. »Sind Sie ganz sicher, daß niemand Ihrer Bediensteten von dem Gemälde wußte? Wenn es in einem Haus ein verschlossenes Zimmer gibt, dann reizt das doch immer die Neugier.«

»Normalerweise benütze ich diesen Gebäudeflügel gar nicht und halte deswegen alle Zimmer verschlossen.«

»Wenn jemand erfuhr, daß Sie das Gemälde hatten, und es besitzen wollte, warum macht er Ihnen dann nicht zuerst ein Angebot?«

»Vielleicht kennen Sie die Psyche des leidenschaftlichen Sammlers nicht ganz, Cardula. So jemand weiß, daß es gar keinen Sinn hätte, von mir zu erwarten, daß ich mich von so einem Kunstwerk trenne.«

»Wann wurde es gestohlen?«

»Das weiß ich nicht, weil ich nicht jeden Tag hierher komme. Es könnte aber letzten Sonntag zwischen ein und fünf Uhr nachmittag gewesen sein. Mein gesamtes Personal hatte dienstfrei. Nur der Gärtner war hier, und er sah sich in seiner Wohnung über der Garage ein Fußballspiel an. Ich selbst machte auf dem See eine Bootsfahrt und kehrte erst gegen fünf Uhr zurück. Als ich heraufkam, um mir das Bild anzusehen, war es fort.«

»Der Dieb hatte sich mit einem Schlüssel Zugang verschafft?«

»Nein. Offenbar ist er über den Balkon eingedrungen. Er schlug die Glasscheibe einer der Türen ein und sperrte sie dann mit dem innen steckenden Schlüssel auf.« Thompson zog die Vorhänge zur Seite, so daß ich die zerbrochene Scheibe und die Glasscherben auf dem Teppich sehen konnte. »Ich glaube nicht, daß Sie Fingerabdrücke finden werden. Weder Diana noch Gordon wären so dumm.«

Ich machte eine Runde im Zimmer und besah mir die Möbel, den Teppich, den Kamin, ja sogar die hohe Decke genauer. Ich suchte etwas. Aber was? Irgend etwas fehlte in diesem Zimmer. Etwas außer dem Bild. Um keinen Preis der Welt allerdings vermochte ich mir klarzuwerden, worum es sich handelte.

Thompson beobachtete mich.

»Ich gebe Ihnen Dianas und Gordons Adressen«, sagte er. »Beide wohnen unweit von hier.«

Ich beschloß, zuerst Diana McKenzie einen Besuch abzustatten, weil dies der kürzere Weg war. Um halb zwei Uhr morgens kam ich dort an und erkundete das dunkle Haus. Im Erdgeschoß fand ich ein unverschlossenes Fenster.

Wenn Diana McKenzie das Bild gestohlen hatte, so würde sie es jetzt aufbewahren? In irgendeinem Wandschrank vielleicht? Auf leisen Sohlen schlich ich durch verschiedene Zimmer, probierte an dieser und jener Tür. Mondlicht fiel durch die Fenster herein, und weil ich mich ausgezeichneter Nachtsicht erfreue, war es unnötig, daß ich irgendwelche Beleuchtungskörper einschaltete.

Ich fand nichts, was von besonderem Interesse für mich gewesen wäre. Dennoch hatte ich ein eigentümliches Gefühl. Auch hier fehlte etwas. Nicht das, was in Thompsons verschlossenem Zimmer fehlte, was immer es sein mochte, sondern etwas ganz anderes. Aber auch hier wollte mir keine Lösung des Rätsels einfallen.

Im ersten Stock lagen Gästezimmer, keines davon benützt. Als ich die vorletzte Tür des Korridors öffnete, fand ich ein weiteres Schlafzimmer, das jedoch den Eindruck machte, als ob es bewohnt sei. Ich öffnete die Tür eines Wandschrankes mit Damenkleidern und durchsuchte ihn. Nichts. Die nächste Tür führte zu einem Bad. Ich versuchte die dritte Tür auf der anderen Seite des Zimmers zu öffnen. Sie war versperrt.

Ah, was hatten wir denn da? Noch einen Wandschrank. Ein Schlafzimmer mit zwei Wandschränken? Und wenn es zwei davon gab, warum war der eine verschlossen und der andere nicht? Oder führte die Tür zu einem weiteren Zimmer? Um mir Klarheit zu verschaffen, holte ich meine Dietriche aus der Tasche – als plötzlich das Licht anging.

Ich fuhr herum. Eine auffallend hübsche Frau stand neben dem Schalter. Sie starrte mich eisig an. »Suchen Sie etwas?«

Es war zweifellos eine höchst peinliche Situation. Wäre ich dazu imstande, ich wäre errötet.

Ich riß mich zusammen. »Haben Sie mich schon jemals gesehen, Ma'am?«

»Nein.«

Ich lächelte. »Gut.« Ich öffnete das Fenster, neben dem ich stand, und sprang hinaus. Während ich über den Rasen hastete, sah ich mich um. Sie stand am Fenster und schaute mir nach.

Gordon Duffins Haus war unbeleuchtet und gut verschlossen. Um mir Zutritt zu verschaffen, mußte ich einen Dietrich benutzen.

Wieder fand ich Gästezimmer im ersten Stock, bis ich die fünfte Tür öffnete. Es war ein Schlafzimmer; im Bett ruhte ein Mann in mittleren Jahren. Ich schlich auf Zehenspitzen hinein und öffnete eine Tür, die zu einem Wandschrank mit Anzügen und Schuhen führte. Ich machte die nächste Tür auf. Ein Badezimmer. Ich versuchte die dritte Tür. Sie war versperrt.

Ich war leicht überrascht und spürbar neugierig. Wieder zog ich meine Dietriche aus der Tasche. Ich schritt über die Schwelle und zog die Tür hinter mir zu. In der absoluten Dunkelheit konnte ich nichts erkennen. Ich befühlte die Wand, bis ich einen Lichtschalter fand, und drückte darauf.

Ich mußte blinzeln.

An der Wand vor mir hing ein Gemälde. *Das* Gemälde. Ich trat näher.

»Das Fest«. Eine Bauernfamilie verzehrt im Halbdunkel einer höhlenartigen Küche feierlich Kohlköpfe und starrt leeren Augen ins Nichts.

Als ich mich jetzt umsah, wurde mir auf der Stelle klar, was in Thompsons verschlossenem Zimmer gefehlt hatte. Dies gab mir zu denken. Eine Menge.

Gerne hätte ich das Bild mitgenommen, aber aus aerodynamischen Gründen war das nicht möglich. Am nächsten Abend holte ich also, nachdem ich aufgestanden war und mich angekleidet hatte, meinen Wagen aus der Remise. Ich benutze ihn in der Regel nicht, außer, wenn bei unfreundlichem Wetter die Gefahr der Durchnässung besteht, oder im Winter, wenn es so kalt ist, daß einem das Blut in den Adern gefrieren möchte.

Auf mein Läuten öffnete Thompson sofort die Tür und ließ mich ein. »Nun? Haben Sie schon etwas gefunden?«

»Gordon Duffin hat das Gemälde.«

»Haben Sie es gesehen – mit eigenen Augen?«

»Ja.«

Er war sehr erfreut. »Ausgezeichnete Arbeit. Und schnell.« Dann bemerkte er, daß ich mit leeren Händen gekommen war. »Nun?«

»Nun was?«

»Nun, als Sie das Gemälde sahen, muß es Ihnen doch in den Sinn gekommen sein, es mir zurückzubringen?«

»Es gab da eine Schwierigkeit.«

»Was für eine Schwierigkeit konnte es denn da geben?« Dann lächelte er. »Ah, ich verstehe. Sie meinen, ich habe Sie dafür bezahlt, herauszufinden, wer das Gemälde gestohlen hat, und nicht dafür, daß Sie es mir wieder zurückbringen? Ist das eine zweite Aufgabe, für die sie zusätzliches Honorar erwarten?« Er stieß einen Seufzer aus. »Nun gut. Von der Ethik der Privatdetektive habe ich schon gehört. Ich bin einverstanden.« Er öffnete einen Wandsafe und holte ein Bündel Banknoten heraus. »Dreißigtausend Dollar. Aber das ist das Limit. Gefeilscht wird nicht.«

Ich zuckte die Achseln. Die Umstände des Falls waren einzigartig, und die Hypothek auf meinem Haus ist mit unbegrenzter Tilgungszeit ausgestattet.

In zweiten Stock von Duffins Haus brannte Licht – wahrscheinlich in den Dienstbotenwohnungen. Sonst war es dunkel.

Ich verschaffte mir Zutritt. Dieses Mal war Duffins Bett leer. Ich ging zu der verschlossenen Tür und machte mich an die Arbeit.

In meinem Wagen hüllte ich das Gemälde in eine Decke. Am folgenden Tag würde ich den Van Gogh dem Andrews Museum zurückbringen.

Thompson würde natürlich außer sich sein. Vielleicht verlangte er sogar die dreißigtausend Dollar zurück. Das aber würde ich ablehnen mit dem Hinweis, daß er mich hinters Licht geführt hatte und daß ich so etwas nicht sehr schätze.

Bei dem Gedanken an die Perfidie dieses Mannes entfuhr mir ein Seufzer. Das Gegenteil dessen, was er mir erzählt hatte, war wirklich der Fall. Nicht Thompson war es gewesen, der dem Dieb das Gemälde abgekauft hatte. Das war Duffin gewesen. Nicht Thompson war es gewesen, der das Bild in einem verschlossenen Zimmer verwahrte. Es war Duffin gewesen. Nicht Thompson war es gewesen, der eines Abends etwas zu viel getrunken hatte und dem die Bemerkung entschlüpft war, er sei im Besitz des Gemäldes. Es war Duffin gewesen.

Thompson brauchte also einen Helfer. Die ganze Geschichte, die er mir aufgetischt hatte, hatte er zusammengedichtet, wobei er nicht versäumt hatte, das »abgeschlossene Zimmer« herzurichten, Diebstahlsspuren zu legen und zwei »Verdächtige« zu benennen.

Etwas hatte er allerdings übersehen:

Staub.

Oder vielmehr das Fehlen von Staub.

Wenn, wie Thompson behauptet hatte, niemand außer ihm von dem Bild wußte oder in den letzten fünf Jahren das Zimmer betreten hatte – wer staubte dann dort ab? Wer arbeitete dort mit dem Staubsauger? Daß Thompson das selbst tat, konnte ich mir kaum vorstellen.

In Thompsons Zimmer aber war keinerlei Schmutz zu bemerken gewesen. Es sah aus, als wäre da erst vor kurzem saubergemacht worden, und wahrscheinlich war das auch der Fall.

Duffins abgeschlossenes Zimmer hingegen war über und über verstaubt und hatte Spinnweben in den Ecken.

Ich gewahrte, daß eine immer stärker werdende Müdigkeit mich befiel. Wenn ich länger als eine Woche ohne Nahrung bleibe, schwinden meine Kräfte rasch. Ich mußte etwas unternehmen, und zwar möglichst bald.

Diana McKenzie öffnete selbst die Tür. Furchtlos starrte sie mir ins Gesicht. »Ah, wieder zurück?«

Ich nickte. »Offengestanden gingen Sie mir ständig im Kopf herum. Ich beschloß, zu Ihnen zu kommen und mich zu entschuldigen.«

Ich gab ihr eine meiner Karten.

Sie sah sie sich an. »Und was tat der Privatdetektiv gestern in meinem Haus? Was suchten Sie denn?«

»Ein gestohlenes Bild. Und ich glaube, ich weiß jetzt, was in diesem abgeschlossenen Zimmer ist.«

Ihre Augen funkelten.

»Ein gestohlenes Bild, meinen Sie?«

»Nein. Jetzt nicht mehr. Ich hätte in der vergangenen Nacht begreifen müssen, daß Sie das Gemälde nicht entwendet haben konnten. Der Diebstahl geschah am Nachmittag. Und als ich Ihr Haus durchsuchte, hatte ich das Gefühl, daß im Erdgeschoß etwas fehlte – etwas, das hätte da sein sollen, aber nicht da war.«

»Und was?«

»Spiegel. Natürlich haben Sie welche in den Gästezimmern und Bädern. Dort aber, so Sie sich in Gegenwart anderer aufhalten, sind nirgends welche zu finden. Ich hätte es mir denken können. Diese erhabene Blässe, die Augen, das völlige Fehlen von Furcht.«

Ihre Augen begannen zu leuchten.

»Und was hüten Sie hinter dieser verschlossenen Tür? Wissen Sie nicht, daß schon eine Handvoll Heimaterde unter Ihrem Kissen genügt, um Sie sicher über den Tag hinwegzubringen? Eine ganze Kiste voll ist gar nicht vonnöten.«

»Ich hänge an Traditionen«, sagte sie förmlich. »Was ich tue, tue ich ganz.« Ihre Augen fixierten die meinen mit einer Intensität, die jede Person auf Erden zu Stein erstarren lassen mußte – mit einigen Ausnahmen. Eine davon bin ich.

Sie fixierte mich volle dreißig Sekunden und runzelte dann, unsicher geworden, die Stirn.

Ich ließ mein Lächeln dergestalt breiter werden, daß meine Eckzähne sichtbar wurden.

Sie zuckte zusammen, und als sie das, was sie sah, wirklich zu glauben vermochte, sagte sie: »Das ist der unglaublichste Zufall.«

Ich bot ihr meinen Arm.

»Ich wollte gerade auf einen Biß ausgehen. Würden Sie mir die Freude machen, mich zu begleiten?«

Sie tat es.

Originaltitel: CARDULA AND THE LOCKED ROOMS. 3/82
Übersetzt von Dolf Strasser

Michael Scott Cain

Der Streuner

Ich saß mit Phil und Harry am Ende der Theke, als ich bemerkte, daß der Junge wieder zurück war.

»Seht ihr den?« fragte ich. »Was ich immer sage. Ein Ort wie diese Bar hier kann für manche Leute etwas wie ein Zuhause werden. Für Leute, die sonst kein Zuhause haben, meine ich.«

Harry nahm einen Schluck Scotch on the Rocks. »Laß gut sein, Mac.« Er machte sich nicht einmal die Mühe, sich zu dem Jungen umzudrehen. »Ich geb ja zu, daß du hier 'nen ganz hübschen Laden hast. Da läßt sich was machen. Also, du brauchst da gar nicht aufs Blech zu hauen. Wir stammen ja aus dem gleichen Stadtviertel. Wenn einer aus der Nachbarschaft kommt und hat 'ne gute Sache, dann bin ich dabei. Deswegen hab ich hier investiert. Also hör auf, Wind zu machen, okay?«

»Und ich glaubte, du hättest es wegen meiner brillanten Persönlichkeit getan.« Ich trocknete ein Bierglas und hielt es gegen das Licht.

»Hörst du das, Phil?« lachte Harry. »Er hält sich für brillant.«

Phil warf noch einmal einen Blick auf den Jungen und wandte sich dann wieder zu mir. »Dafür hat er sich schon immer gehalten. Schon damals, als wir noch als Junge im gleichen Häuserblock wohnten, hielt er sich für brillant.«

»Ja, eine eindrucksvolle Persönlichkeit.« Harry schob mir sein leeres Glas hin, damit ich ihm nachschenkte. »Und sentimental.«

»Was meinst du damit?« Ich goß ihm noch einen Scotch ein; der Junge konnte ja noch ein wenig warten. Höchstwahrscheinlich würde er ja, wie schon während der vergangenen vier, fünf Tage, die ganze Nacht vor einem einzigen Bier sitzen. Er saß einfach da auf seinem Hocker, ein warmes Bier in der Hand, und verbrachte die ganze Nacht damit, zuzusehen, wie die Leute kamen und gingen. Zu niemandem sagte auch nur ein einziges Wort.

»Na klar, du bist immer sentimental gewesen, Mac. Hast immer ein großes Herz gehabt. Hast streunende Hunde und Katzen nach Hause geholt, als wir Kinder waren. Jetzt hast du diese Bar aufgemacht, damit du alles aufnehmen kannst, was hier so in der Nachbarschaft rumstreunt.«

»Das stimmt nicht.«

»Natürlich stimmt das. Du siehst 'ne Katze auf der Straße, und gleich denkst du daran, daß irgendwo ein Kind weint, weil ihm seine Katze weggelaufen ist. Du siehst 'nen Jungen wie den da drüben und denkst dir gleich, daß er nicht weiß, wo er pennen soll.« Er schüttelte den Kopf. »Ich sag dir eines, Mac: Sentimentalität ist ein schlechter Zug. Damit wirst du eines Tages ganz schönen Ärger kriegen.«

Die Bar roch nach schalem Bier und nach Schweiß. Niemand würde mein Lokal mit einer der Bars am anderen Ende der Stadt verwechseln, wo man aussehen muß, als sei man einem Fernsehwerbespot entstiegen, um eingelassen zu werden, und wo man drei Sprachen sprechen muß, um einen Drink zu bekommen. Nein, meine Bar ist in der Gegend des Hafens, wo ich früher arbeitete. Manche Leute halten das für ein gefährliches Viertel. Es ist eben eine Arbeitergegend, und manches von dem, was man hier tut, tut man nicht gerade in weißem Hemd und Krawatte. Immerhin, die Bar gehört mir – obwohl auch Harry einen Anteil besitzt –, und weil ich hier aufgewachsen bin – und das war in dieser Gegend nicht immer ein Zuckerlecken –, bin ich glücklich.

»Das hat nichts mit Sentimentalität zu tun«, sagte ich. »Ich bin hier zufrieden, verstehst du? Ich bin weg von der Straße.«

»Richtig«, sagte Phil, als er und Harry aufstanden. »Die Straße, das ist kein Platz für einen, der streunende Hunde und Katzen aufliest. Ganz zu schweigen von Menschen.«

»Apropos Menschen, Mac«, sagte Harry. »Wenn Marty Hobson hier aufkreuzt, könntest du uns das wissen lassen?«

»Marty?«

Sie nickten. Harry runzelte ein wenig die Stirn und schüttelte den Kopf, als schmerze ihn das, was er nun sagen wollte. »Daß du überrascht bist, verstehe ich. Dem Marty hab ich das auch nicht zugetraut.«

Ich schüttelte den Kopf. »Man kann nie wissen, nicht wahr?« sagte ich.

»Nie«, echote Phil. Harry war schon auf halbem Weg zur Tür. Phil eilte ihm nach.

Wie sie so zur Tür hinausgingen, sahen sie aus wie richtige Zwillinge. Beide waren etwa gleich groß und schwer, und beide trugen graue Westenanzüge. Der Hauptunterschied war, daß man bei Phil die kahle Stelle am Hinterkopf sah, während Harry sein Haar sorgfältig darüberkämmte und mit Spray festigte. Davon abgesehen war es schwierig, die beiden auseinanderzuhalten. Als wir noch Kinder waren, ließen sie uns immer raten, wer wer sei. Meistens rieten wir falsch.

Ich ging zum anderen Ende der Theke, wo der Junge saß. »Was darf's sein?«

Er fuhr zusammen, als hätte ich ihn erschreckt. »Bier. Vom Faß, schätz ich«, sagte er mit leichtem Hüsteln.

Es war spät am Nachmittag, und da es ansonsten noch ziemlich leer war, blieb ich bei ihm, als ich ihm das Bier gebracht habe. »Wie geht's?« fragte ich.

»Hm?«

»Ich fragte nur, wie's so geht.«

»Oh. Ganz gut, schätze ich.«

Ich schaltete den Fernseher ein. Es gab eine dieser schrecklichen Nachmittags-Talk-Shows. Ein pausbäckiger Kerl mit lackiertem Haar streichelte das Knie irgendeiner Schauspielerin, während er sie über ihren neuen Film abfragte. Beide hatten grüne Haut – die Farbe stimmt bei diesem Apparat nie.

»Noch ziemlich neu hier, wie?« sagte ich zu dem Jungen.

Er starrte auf den Bildschirm, als hätte er noch nie einen gesehen.

»Ich sagte, Sie sind wohl neu hier?«

»Macht das irgend'nen Unterschied?« Er versuchte, es wegwerfend wie ein ganz ausgekochter Bursche zu sagen, aber er war nicht sehr gut dabei, was er auch wußte, und so wurde er schließlich rot im Gesicht.

»Nein. Es ist bloß, weil hier lauter Leute aus der Nachbarschaft sind; da fällt ein neues Gesicht eben auf.«

Sein Gesicht mußte überall auffallen. Es sah wie fabrikneu aus. Es hatte keine einzige Linie oder Falte. Es erinnerte mich an ein Wachsmodell in einem dieser Museen.

»Wird wohl so sein, schätz ich.«

»Kein Mensch würde auf den Gedanken kommen, daß Sie hier aus der Nachbarschaft sind.«

»Wahrscheinlich nicht, schätz ich.« Er sprach mit leiser hoher Stimme und hatte einen leichten Südstaatenakzent. Es klang, als hätte er den Stimmbruch noch nicht ganz hinter sich. In unserem Staat darf an Personen unter achtzehn kein Alkohol ausgeschenkt werden. Ich erwog, mit seinen Ausweis zeigen zu lassen, ließ es aber bleiben.

Dann kam Bobby Belano herein und zeigte den Beginn seiner Saufnacht an, indem er mit der Faust auf die Theke hieb. Ich ging hinüber, um ihm seinen Bourbon zu bringen.

Am nächsten Abend war der Junge zurück. Er saß auf demselben Hocker, nippte an einem Bier, das genauso gut noch das vom Abend vorher hätte sein können, so wenig trank er davon. Er blieb bis zum Schluß, ehe er in die Nacht hinausging.

»Bis zum nächsten Mal!« rief ich, aber er gab keine Antwort.

In der folgenden Nacht gab er dann eine gewisse Gesprächsbereitschaft zu erkennen.

»Wie stehen meine Chancen für ein Bier auf Kredit?« fragte er mit vor Verlegenheit rotem Gesicht.

»Normalerweise gibt's das hier nicht. Was ist – haben Sie kein Geld?«

»Wenn ich Geld hätte, würde ich nicht anschreiben lassen.«

»Die harte Tour steht dir nicht, Junge. Du solltest das erst gar nicht versuchen.«

Er errötete noch stärker. »Tut mir leid«, sagte er.

Nun, da ich wußte, daß er kein Geld hatte, sah ich den Jungen mit anderen Augen – ich empfand ein gewisses Mitleid mit ihm. Jetzt bemerkte ich die Schäbigkeit seiner Kleidung, und nun fiel mir auch auf, daß er die ganze Zeit über dieselben Jeans, dasselbe Hemd und dieselbe Jacke getragen hatte. Aber alles war sauber; offenbar ließ er alles jeden Tag irgendwo waschen.

Einen Moment lang ing mir durch den Kopf, daß Harry mich als sentimental bezeichnet hatte. Vielleicht hatte er nicht ganz unrecht. War ich nicht wieder mal drauf und dran, einem heimatlosen Wesen Heimat zu bieten?

»Hast 'ne Pechsträhne, was?«

»Kann man schon sagen, schätze ich.«

Ich zapfte ihm ein Bier. »Wo schläfst du denn?«

»Immer im Auto.«

»Mein Gott, Junge – du kannst doch nicht auf Dauer in 'nem Auto leben.«

»Bleibt mir nichts anderes übrig. Ich hatte 'n Zimmer, bis mir das Geld ausging.«

»Und warum gehst du nicht einfach zurück nach Hause? In der Großstadt ist das Leben nicht immer ganz so schön, wie es manchmal heißt.«

»Weiß ich. Und ob ich das weiß. Aber ich kann nicht zurück. Jedenfalls jetzt noch nicht.«

Durch das Fenster sah ich Phils Auto an den Randstein heranfahren. Nach einem kurzen Blick auf den Jungen ging ich aus irgendeinem Grunde zum anderen Ende der Theke, ehe Phil eintrat.

Er nahm den Bourbon, den ich ihm reichte. »Ist Marty schon dagewesen?« Sein Blick war etwas abwesend, und ich dachte mir, daß es für Marty nicht allzu gut sein würde, wenn er ihm gerade jetzt begegnete.

»Seit ein paar Wochen nicht mehr. Ist er schon so weit im Verzug?«

»Drei Wochen.«

»Nicht mal so schlimm.«

»Drei Wochen im Rückstand und läßt sich nirgendwo sehen?«

Ich schenkte mir ein Bier ein. »Du meinst, er will nicht zurückzahlen?«

»Versuchen will er's vielleicht.« Er kippte seinen Drink und starrte ins Glas. »Wirklich kaum zu glauben, was manche Leute so treiben, das sag ich dir, Mac. Hat ihm Harry nicht Vertrauen bewiesen, als er ihm das Geld lieh? Marty kannte die Bedingungen. Jeder kennt sie, verdammt nochmal. Schließlich hat ihm niemand 'ne Pistole ans Ohr gedrückt und gesagt, du mußt jetzt dieses Geld nehmen'. Ich meine, kann er nicht irgendwie an Geld herankommen?«

»Schätze schon.«

»Du schätzt?« Er fixierte mich, und seine Augen wirkten in dem schwachen Licht dunkel und leer. »Das klingt wie aus so 'nem Clint-Eastwood-Film.«

»Das habe ich wohl ein bißchen zu oft von dem Jungen gehört.«

»Ist der immer noch da?« Phil schaute die Theke hinunter und stellte dann sein Glas genau in die Mitte eines Wasserrings. »Paß auf. Wenn du Marty siehst, sagst du zu ihm, er soll sich bei uns sehen lassen, sonst kriegt er Ärger, okay?«

Als ich wieder zu ihm hinüberging, sagte der Junge: »Sieht wirklich übel aus, dieser Kerl.«

»Sieht nicht nur so aus.«

»Dachte ich mir. Was tut der denn so?«

»Arbeitet für einen Mann namens Harry Denton. Das ist einer, dem man besser aus dem Weg geht.«

»Ein Verbrecher?«

»Kreditwucher, Glücksspiel, Mädchen, Drogen – überall hat er die Hände mit drin.«

»Mann, was manche nicht tun für 'nen Dollar.« Er schüttelte den Kopf.

Ich zögerte. »Hör mal, du brauchst doch Geld, nicht wahr?«

»Ja, aber so will ich mir's nicht verdienen. Ich tu ehrliche Arbeit.«

»Ich meine nur, ich könnte am Wochenende Hilfe gebrauchen. Du würdest nicht glauben, wie es am Freitag- und Samstagabend hier zugeht. Da gibt's mehr Arbeit, als ich verkraften kann.«

»Ich hab noch nie 'nen Barmann gemacht.«

»Meist ist es bloß Bier oder Whisky. Du mußt es so sehen – wenn du ohnehin hier herumhockst, könntest du dir genau gut ein paar Dollar verdienen.«

»Ich möchte niemand zur Last fallen.«

»Keine Angst. Und ich will dir was sagen – du kannst da hinten auf einer der Bänke schlafen. Ist besser, als wenn du im Auto pennst.«

»Würde mir gut tun, wenn ich mich mal ausstrecken könnte.«

»Trotz allem, es wäre wirklich besser, wenn du nach Hause zurückgehst.«

Ein Blick, den ich gar nicht gewohnt war, trat in die Augen des Jungen. Mich fröstelte. Die Klimaanlage mußte wieder zu stark eingestellt sein.

»Ich muß noch was erledigen, bevor ich wieder nach Hause

fahre«, sagte der Junge. »Hören Sie, ist das ein echter Job, oder wollen Sie bloß wohltätig sein?«

»Ist das dein Ernst? Sieh dich mal um. Glaubst du, ich kann mir Wohltätigkeit leisten?«

Der Junge streckte mir seine Hand hin. »Dann haben Sie jetzt einen Helfer.«

Man mußte den Jungen einfach mögen. Er war ein ruhiger Typ, und nachdem er sich etwas eingewöhnt hatte, hätte man meinen können, daß er das Zeug für einen erstklassigen Barkeeper hatte. Er arbeitete fix, schenkte Drinks ein, machte sauber und achtete darauf, daß die Regale stets voll waren. Er lernte rasch, daß ich dachte, er würde bald auch noch die Buchhaltung machen. In Wirklichkeit brauchte ich seine Hilfe eigentlich nicht, aber irgendwie erinnerte er mich an einen herrenlosen Hund, und das rührte mich an. Er war wie ein kleiner Welpe, so bemüht, zu gefallen.

Jeden Tag stellte ich ihm dieselbe Frage. »Wann fährst du wieder nach Hause, Junge?«

Und jeden Tag gab er mir dieselbe Antwort. »Wenn das erledigt ist, was ich hier tun muß.«

Erregt sah ich ihn nur ein einziges Mal, als zwei Junkies hereinkamen.

Sie setzten sich an einen Tisch an der Wand und belästigten niemanden, und so ließ ich sie sitzen, aber während ich am anderen Ende der Theke stand, spielte der Junge verrückt. Eben noch stand er am Tresen, und in der nächsten Sekunde war er bei den beiden am Tisch und prügelte auf sie los wie von Sinnen. Ich kriegte sie gerade noch zur Tür hinaus, ehe er sie halbtot schlug.

Ich packte ihn an der Schulter. »Was, zum Teufel, machst du denn da?« Eine Gruppe von Stammgästen stand um uns herum. Ich schob sie weg.

»Junkies«, sagte er. »Ich hasse Junkies.« Er hatte sich gesetzt und verbarg das Gesicht hinter den Händen. »Junkies hasse ich auf den Tod. Wissen Sie, daß die offen Koks über den Tisch schoben?«

»Meine Schwester war ein Junkie«, erklärte er, als ich ihm etwas Bourbon eingeflößt hatte. »Meine kleine Schwester. Sie kam hierher, und lange Zeit hörten wir kein Wort mehr von ihr. Als sie wieder nach Hause kam, war sie kaputt – Körper und Hirn, alles kaputt vom Koks.«

Mir dämmerte, warum er nicht mehr nach Hause wollte.

»Hör zu, Junge, du hast doch nicht vor, hier Dummheiten zu machen, oder?«

»Ich möchte das Vernünftigste tun, was ich kann.«

»Laß das sein, Junge. Sei doch kein Narr.«

»Meine eigene Schwester. Mann, sie war doch erst fünfzehn. Und da soll ich einfach alle Fünf gerade sein lassen? Wissen Sie, was die ihr angetan haben?«

»Das hilft jetzt alles nichts mehr.«

»Wissen Sie, was die ihr angetan haben?«

»Hör mal, du weißt ja gar nicht, worauf du dich da einläßt. Du weißt nicht, mit wem du es zu tun hast.«

Er sah mich mit gequältem Blick an. »Aber Sie wissen es – ist es das, was Sie sagen wollen?«

Ich antwortete nicht. Ich wollte wegschauen, aber sein Blick hielt mich fest.

»Über eines mußt du dir klar sein, Junge. Das ist kein Clint-Eastwood-Film. Hier wird mit harten Bandagen gekämpft. Ich kenne diese Kerle. Mit denen ist nicht zu spaßen.«

»Meinen Sie vielleicht, daß ich das nicht weiß? Glauben Sie mir, ich hab gesehen, was sie mit ihr gemacht haben.«

»Weißt du, was sie mit dir machen werden?«

»Es geht darum, was ich mit ihnen mache.«

»Du weißt nicht, worauf du dich da einläßt, Junge. Du hast keine Ahnung, was über dich hereinbrechen kann. Du wirst das bleiben lassen, hast du gehört? Das darfst du mir nicht antun. Und dir selber auch nicht. Laß das sein.«

»Das kann ich nicht, Mac. Du weißt, daß ich das nicht kann.«

Es war das erste Mal, daß er mich beim Namen genannt hatte. Ich faltete ein Spültuch zusammen, ging zu einem der Regale und hängte es an einen Haken. Er folgte mir. »Sieh mal, ich bin hier aufgewachsen«, sagte ich, den Rücken zur Theke. »Ich kenne diese Burschen. Das sind meine Freunde. Und Recht oder Unrecht, ganz gleich, worum's geht, einen Freund verkauft man nicht.«

»Du kannst ihn nicht schützen, Mac. Ich werde ihn finden und mach ihn kaputt, das schwör ich.«

Ich zapfte mir ein Bier, goß es hinunter und wußte, daß es nicht reichte. Ich ließ einen Bourbon folgen. Der half aber auch nichts.

Ich ließ eine Stunde verstreichen, ehe ich zum Telefon ging.

Als meine Frau sich meldete, sagte ich: »Ich muß mit ihm sprechen.«

»Okay«, murmelte sie und ging, ihn zu holen.

Martys Stimme klang sehr besorgt. Sie versagte ihm fast, als er »Hallo« krächzte.

»Du mußt weg«, sagte ich.

»Waren sie da?«

»Mehrere Male. Allmählich wird's heiß.«

»Hör zu, Mac, ich besorg das Geld! Ich brauch nur noch ein paar Tage!«

»Mensch, sei nicht so dämlich. Du kannst doch kein Geld anschaffen, wenn du dich bei mir im Keller versteckst.«

»Ich krieg das Geld!«

»Es ist nicht nur das Geld – die Sache ist komplizierter. Du mußt fort.«

Er zögerte, und als er wieder sprach, klang seine Stimme unsicher und gepreßt, als sei er dem Weinen nahe. »Mac ich bin noch nie von hier weggewesen. Ich kann nicht einfach davonlaufen. Du mußt die Sache für mich glattbügeln. Schließlich bist du mein Schwager, oder?«

»Das ist noch kein Grund, daß ich mich umbringen lasse.« Ich legte auf und nahm fünfundsiebzig Dollar aus der Kassenschublade.

»Ich muß kurz nach Hause«, sagte ich zu dem Jungen. »Du machst einstweilen hier weiter, ja?«

Gewöhnlich waren die Straßen voll Leben – Leute schrien und gestikulierten, Kinder jagten einander um parkende Autos herum, Rentner saßen vor ihren Häusern. Vielleicht war es auch an diesem Tag so, aber ich bemerkte es nicht. Das Pflaster war fürchterlich heiß und die Luft derart feucht, daß mir war, als müßte ich mich durch einen Sumpf kämpfen.

Marty machte die Tür auf. Nervös sichernd sah er sich um und verschwand sofort wieder in der Diele.

»Wo ist Peg?«

»Weggegangen.«

Das wunderte mich nicht. Meiner Frau war die ganze Situation nicht gerade geheuer. Marty war zwar ihr Bruder, aber sie mochte nicht, was er tat, und war dagegen, daß ich ihm half.

Ich gab Marty das Geld. Er sah es an, als hätte er noch niemals Dollarscheine gesehen.

»Und jetzt geh«, sagte ich. »Sofort.«

»Hör zu, Mac...« jammerte er.

»Du mußt gehen, Marty. Es steht schlimmer, als du denkst.«

Er wirkte jetzt klein und verlassen. Sein Gesicht war verkniffen und Schweiß rann ihm über die Stirn. Er blickte mich flehend an, und der Schmerz in seinen Augen tat mir weh. Ich holte tief Atem.

»Ich gehe«, sagte er. »Es ist nur ... wir gehören zu einer Familie, Mac. Seine Familie sollte man nicht im Stich lassen.«

»Die Familie, das ist eine Sache, Dummheit eine ganz andere.«

»Willst du mir nicht alles Gute wünschen?«

»Viel Glück. Und jetzt verschwinde.«

Er machte eine angedeutete Geste des Grußes, als er an mir vorbei zur Tür ging. Durch das Fenster sah ich ihm nach. Er ging vornüber gebeugt, als glaube er, so schwerer zu erkennen zu sein. Er spähte nach links und nach rechts und ging dann auf die andere Straßenseite.

Er war etwa sieben Schritte gegangen, als der Junge zwischen zwei geparkten Autos hervortrat. Ich rannte schreiend hinaus, ohne zu wissen, wem von beiden meine Rufe eigentlich galten. Ehe ich mir darüber klar war, zog der Junge eine Pistole, schoß Marty mitten ins Gesicht, sah zu, wie er gegen eine Parkuhr stolperte, sich um die eigene Achse drehte und dann langsam zusammensackte. Die Pistole in der Hand, setzte sich der Junge auf den Randstein. Er saß noch dort, als das Polizeiauto kam.

Etwas eine halbe Stunde war ich wieder in der Bar, als das Telefon läutete.

»Ganz interessant, was dein zugelaufener Freund da gemacht hat, was, Mac?« sagte Harry.

»Ja, schon, schätze ich.«

»Ich meine, wirklich – wer hätte gedacht, daß er so viel drauf hat.«

»Mhm.«

»Komisch, erst vor ein paar Tagen sprachen wir darüber, was man für Ärger kriegen kann, wenn man Davongelaufene aufnimmt, erinnerst du dich?« Ich hörte ein unterdrücktes Lachen. »Verdammt, wochenlang rennen wir herum, um uns den Marty zu holen, und dieser Junge da kennt sich hier nicht mal aus – ich meine, er kennt in der ganzen Stadt nur einen einzigen Menschen. Und er findet ihn! Das ist doch wirklich interessant.«

»Faszinierend.«

»Und wo stöberte er ihn auf? Direkt vor deiner Haustür! Komischer Zufall, was?«

Mein Blick ging auf den Tresen, auf dessen mattschimmernder Oberfläche meine Hand lag. Meine Finger, wächsern und bleich auf dem mattschimmernden Holz, zitterten.

»Ja, also dieser Hang von dir, alles aufzunehmen, was dir gerade über den Weg läuft – da solltest du wirklich vorsichtig sein. Diese Art von Sentimentalität kann leicht außer Kontrolle geraten.«

»Hör zu, Harry . . .« sagte ich.

»Du verstehst? Ist das klar?«

Ich goß mir einen Drink ein. Als ich ihn hinunterstürzte, verschluckte ich mich. »Ja«, sagte ich. »Ich verstehe. Alles klar.«

Noch ist nichts entschieden. Ich wollte weg, die Bar einfach zuschließen und verschwinden. Aber ich kann es nicht. Ich bin zu sehr mit dieser Gegend verwachsen und mit meiner Bar. Ich bin ja wirklich noch nie woanders gewesen, und ich glaube auch nicht, daß ich anderswo hinpasse. Wenn man einmal lange genug an einem Ort war, entwickelt sich eine Anhänglichkeit, die man schon sentimental nennen kann.

Originaltitel: THE STRAY. 2/81
Übersetzt von Dolf Strasser

Stephen Wasylyk

Die Verpflichtung

Beim Morgengrauen war Drake schon wach und saß in seinem Auto. Er trug schwere Stiefel und einen leichten Sommeranzug. Er ließ das Motel hinter sich und fuhr zu dem kleinen Fluß, an dem Gruber während seines jährlichen Angelurblaubs das Zelt aufgeschlagen hatte.

Er überquerte eine Steinbrücke und folgte der Straße, die sich zum Kamm des prähistorischen zerklüfteten Berges hinaufschlängelte, der das kleine Tal an einer Seite begrenzte. Oben angelangt lenkte er das Auto von der Straße tief ins Gebüsch hinein, schloß den Kofferraum auf und holte das Gewehr heraus. Starke Magneten hielten es an der Innenseite unter der Kofferraumkante fest, so daß man es nicht sehen konnte, wenn man den Kofferraumdeckel öffnete. Ursprünglich war das Gewehr eine Standardanfertigung gewesen, aber Drake hatte den Kolben durch einen eigens für ihn angefertigten ersetzt, so daß er sich jetzt durch besondere Griffigkeit auszeichnete. Er steckte drei Patronen in seine Jackentasche und ging durch die Bäume zu einem schmalen Fußpfad.

Er war kaum zehn Meter weit gekommen, als er plötzlich wie angewurzelt stehenblieb, aufgeschreckt durch das trockene Rasseln.

Auf dem von Sonnentupfen gesprenkelten Pfad lag zusammengerollt eine Klapperschlange und versperrte ihm den Weg. Ihre Farbe verschmolz fast mit dem Staub und dem dürren Laub vom letzten Herbst.

Drakes Lippen verzerrten sich unwillkürlich. Der große, schlanke Mann mit dem blonden Haar und dem eckigen, knochigen Gesicht hatte nur wenige Abneigungen und fürchtete kaum etwas, aber Klapperschlangen fielen in beide Kategorien. Er erinnerte sich wieder daran, wie sich die trockenen Schuppen anfühlten und welch starke Muskeln darunter lagen. Seine Handflächen wurden feucht. Noch träge nach der kühlen Nacht, sah die Klapperschlange Drake mit bösartigen Augen an und ließ ihre Zunge vor und zurückzucken.

»Es sieht so aus, als kämen sie immer in Schüben, und diesen Sommer ist der Wald voll von ihnen«, hatte der Junge im Motel gesagt. »Sie sollten vorsichtig sein.«

Drake trat einen Schritt zurück und legte das Gewehr zur Seite. Er suchte, bis er einen großen, flachen Stein fand, hob ihn hoch über den Kopf und schmetterte ihn auf die zusammengerollte Schlange, zermalmte den dreieckigen Kopf mit einem Gefühl tiefster Befriedigung.

Der Körper zuckte und wand sich noch lange Minuten, ehe er endlich reglos liegenblieb.

Drake hob sein Gewehr auf und setzte den Weg fort. Seine kalten Augen suchten den Boden vor sich ab.

Der Baumbestand wurde dünner und hörte dann am Rand einer Lichtung auf, die das Ergebnis eines lange zurückliegenden Brandes war, den nur wenige Bäume überlebt hatten. Links unter ihm stiegen Nebelschwaden von dem kleinen Fluß auf. Drake machte sich an den Abstieg, wobei er immer wieder Stellen mit dichtem Gestrüpp umgehen mußte.

Er kletterte weiter hinab, bis das kleine Tal sich unter ihm öffnete und er Grubers Auto und Zelt sehen konnte. Nichts bewegte sich dort. Drake sah sich nach einem Platz um, an dem er sich verstecken konnte, nicht nur vor Gruber, sondern auch vor jedem, der vielleicht auf dem Bergkamm unterwegs war. Langsam erwachte der Wald. Die Vögel fingen an zu singen, und kleine Tiere raschelten in den Büschen.

Eine hohe Kiefer, deren Nadeln schon längst vertrocknet waren und bei der kleinsten Berührung herabrieselten, war Opfer eines Sturmes geworden; beim Fall hatten die Wurzeln die Erde aufgerissen und ein tiefes Loch hinterlassen, das fast völlig mit Unkraut und struppigem Gras zugewachsen war.

Dieser natürliche Unterschlupf war ideal für ihn.

Die Klapperschlange fiel ihm wieder ein, und er stocherte mit dem Schaft seines Gewehrs sorgfältig im Gras herum. Zufrieden damit, daß keine Schlange da war, ließ er sich neben einem dicht mit Brennesseln bewachsenen Fleck nieder, legte sich auf den Bauch und richtete das Gewehr durch die hohen Gräser auf die Lagerstelle am Fluß. Links über ihm erhoben sich die Wurzeln des umgestürzten Baumes, und direkt hinter ihm verbargen Bäume und Gestrüpp ihn vor Blicken vom Bergkamm. Wenn er so in seinem Loch liegenblieb, konnte er praktisch nur gesehen werden, wenn jemand direkt am Rand stand.

Er sah durch das Zielfernrohr des Gewehrs und nahm einige kleinere Einstellungen vor, bis er den Lagerplatz klar und deutlich sehen konnte. Immer noch war dort unten keine Bewegung wahrzunehmen. Grubers kleines Zelt neben dem Fluß hätte fast ein Werbefoto sein können für die Romantik eines Abenteuerurlaubs in der freien Natur.

Noch einmal überprüfte Drake sein Gewehr, dann fing er an, tief durchzuatmen. Wenn die Zeit für den Schuß kam, konnte er es sich nicht erlauben, etwas anderes als völlig entspannt zu sein. Nachdem die Verhandlung für nächste Woche angesetzt war, würde Shelbrook es ihm nie verzeihen, wenn er versagte.

Er warf einen Blick auf seine Uhr. Gruber stand heute morgen spät auf.

Als er reglos in der Hitze der höher steigenden Sonne lag, Insekten ihn umschwirrten, merkte Drake plötzlich, daß sein Mund trocken war. Er zog eine Grimasse. Er hätte eine Feldflasche mitnehmen sollen. Und Insektenspray. So langsam fing er an, unvorsichtig zu werden. Aber schließlich hatte er auch nicht erwartet, daß Gruber ausgerechnet heute verschlafen würde.

Er lag völlig still, die linke Hand am Gewehrschaft, die rechte am Kolben, als er eine Bewegung an seinem linken Bein spürte.

Er hörte auf zu atmen. Sein Verstand sagte ihm, daß es ein harmloses kleines Tier sein konnte. Sein Instinkt wußte, daß das nicht der Fall war. Ein dickes Seil schien sich über sein Bein zu schlängeln.

Mit aller Willenskraft unterdrückte Drake jede Bewegung, und er mußte sich auf die Zunge beißen, um nicht loszuschreien.

Unten am Lagerplatz kroch ein grauhaariger Mann mit mächtigem Bauch aus dem Zelt und ging ans Ufer des Flüßchens.

Drake schloß die Augen und zwang sich zur Reglosigkeit. Er bildete sich ein, er könne die breiten Bauchplatten spüren, als das Tier sich über seine Beine schob.

Die Bewegung hörte auf, aber er spürte immer noch das Gewicht an der Seite seines rechten Oberschenkels.

Der Mann im Tal kam zurück und nahm einen Gaskocher aus

seinem Auto.

Drakes Auge klebte immer noch am Zielfernrohr. Er brauchte nur auf den Abzug zu drücken, und sein Auftrag wäre ausgeführt, aber er wußte, daß bei dem plötzlichen Stoß und Knall die Schlange aufschrecken und angreifen würde.

Er fluchte lautlos in sich hinein. Die Sonne stach auf ihn herab. Eine Ameise krabbelte über seine Hand. Vögel sangen in den Bäumen und flogen sorglos hin und her. Sein Durst wurde immer schlimmer. Er hatte sein Gewicht fast ganz auf die linke Seite verlagert, und seine Muskeln und Rippen fingen an zu schmerzen. Drake unterdrückte das Bedürfnis, aufzuspringen und zu rennen. Er hatte nicht die geringste Chance, schneller zu sein als die Schlange. Die Wurzeln zu seiner Linken verhinderten, daß er sich von der Schlange wegrollen konnte, und er konnte seine Beine nicht in die richtige Position bringen, um aufzuspringen.

Die Sonne stieg höher.

Der Mann am Fluß beschäftigte sich mit dem Kocher, bereitete sein Frühstück zu. Der Duft frischen Kaffees stieg Drake in die Nase.

Drake bekämpfte den Impuls, den Kopf nach hinten zu drehen und nachzusehen, was neben seinem Bein lag. Er wußte, daß nichts ihn davon würde abhalten können, aufzuspringen und wegzulaufen, wenn er den typischen dreieckigen Kopf so dicht neben sich sah.

Die Schlange bewegte sich. Drake spürte, wie sie sich zusammenrollte.

Er hörte ein leises Wispern und bewegte die Augen. Ein Stück vor ihm schwankten die hohen Gräser, als etwas näher kam, etwas, das im Gras nicht zu sehen war. Und plötzlich tauchte es vor ihm auf, nur etwa zwei Meter von ihm entfernt, und kam direkt auf ihn zu.

Es war die größte Klapperschlange, die er je gesehen hatte. Offensichtlich wollte sie in das Loch, in dem Drake lag, aber als sie seine Körperwärme wahrnahm, verharrte sie reglos; nur die Zunge zuckte vor und zurück.

Die Schlange war so nahe, daß er die tiefen Gruben unter den Augen mit überraschender Klarheit sehen konnte, so dicht vor ihm, daß er die Schuppen zählen konnte und der Schatten des Gewehrlaufs auf sie fiel.

Da verstand Drake. Irgendwo unter dem dicht verwachsenen Wurzelgewirr war eine Grube, und unwissentlich hatte er sich im Vorgarten der Klapperschlange niedergelassen. Daß er mit dem Gewehrlauf ein bißchen herumgestochert hatte, hatte absolut nichts zu bedeuten. Er hätte es besser wissen, sich eine offenere Stelle aussuchen müssen. Er hätte aus seiner Kindheit noch wissen müssen, wie es in den Wäldern zuging, wie wilde Tiere sich verhielten.

Die flachen, ausdruckslosen Augen starrten in seine. Das Blut gefror ihm in den Adern, ein Eisklumpen bildete sich in seiner Magengrube, und er hatte nur den einen Wunsch, das Gewehr wegzuwerfen, aufzuspringen und wegzurennen.

Jetzt lag eine Schlange zusammengerollt an seinem Bein, während eine zweite ihm direkt ins Gesicht starrte. Er saß in der Falle, dachte er, und zwar in einer so perfekten Falle, als hätte jemand sie für ihn geplant.

Seine Bauchmuskeln schmerzten vor Anspannung, seine Nerven schrien, ein hohes, dünnes Schreien, das nirgendwo und doch überall in seinem Körper zu sein schien.

Unter ihm hatte Gruber sich ein knallrotes T-Shirt angezogen und ließ sich sein Frühstück schmecken.

Keine der beiden Schlangen bewegte sich, während die Sonne immer höher stieg.

Drake schloß die Augen. Für seinen Körper gab es kein Entkommen, und so entzog sich sein Geist dieser furchtbaren Situation, flüchtete in den langen, dunkeln Tunnel der Erinnerung. Er erlebte noch einmal die Zeit als barfüßiger Junge in den Bergen, lange bevor er erwachsen wurde und Shelbrook kennenlernte. Die Zeit, in der er nur Rehe gejagt hatte, Bären und andere wilde Tiere. Er hatte gelernt, gut zu schießen, weil Patronen teuer waren und jeder Schuß zählte. Wenn er nicht traf, hieß das, daß er hungrig bleiben mußte.

Und damals war er noch klug gewesen zu wissen, wie man in den Bergen lebt, aber die Jahre hatten ihn um dieses Wissen gebracht, und die Berge forderten ihren Preis für Unwissenheit und Mangel an Vorsicht, genau wie die Stadt es tat.

Und dann war der Krieg gekommen, und Männer waren sein Ziel geworden. Und nach dem Krieg war da Shelbrook, der viel Geld hatte, um für die Geschicklichkeit im Umgang mit einem Gewehr zu bezahlen, und Shelbrook wußte, daß es immer Männer gab, die den Tod anderer Männer wünschten und bereit waren, dafür zu bezahlen. Und es machte für Drake keinen Unterschied, weil er sich sagte, daß jeden Tag, jede Stunde, jede Minute irgendwo in der Welt Männer den Mord an anderen Männern im Namen von Religion, Politik, Haß oder Habsucht rechtfertigten. Und wenn er für Geld mordete, war er nicht besser oder schlechter als sie es waren.

Er empfand nur Verachtung für jemanden wie Gruber, der nächste Woche aussagen würde, weil er sich dazu verpflichtet fühlte, der nichts für sich gewinnen würde, wenn er in den Zeugenstand trat, und der, obwohl es ihm klar sein mußte, daß man nicht zulassen konnte, daß er seine Geschichte erzählte, trotzdem so dumm war, allein hierhin in die Berge zu fahren und zu angeln, anstatt sich in einem bewachten Zimmer zu verbarrikadieren.

Der Schmerz seiner verkrampften Muskeln brachte Drake dahin zurück, wo sein Körper sich befand.

Die Klapperschlange hatte sich in Verteidigungsstellung zusammengerollt, ihr Kopf wiegte leise hin und her, die Zunge zuckte, der Schwanz rasselte von Zeit zu Zeit. Die Schlange wußte nicht, was sie mit dem warmen, reglosen Ding vor sich anfangen sollte, wußte nicht, ob es eine Gefahr darstellte oder nicht.

Mücken, angelockt von dem Schweißfilm, der Drakes Körper bedeckte, krochen über ihn, stachen durch seine dünnen Kleider hindurch und kamen immer wieder zurück. Unfähig sich zu bewegen oder zu kratzen, hatte Drake das Gefühl, seine Haut verbrenne. Gesicht und Hände färbten sich rot von der Sonne, und sein linker Arm wurde langsam taub.

Die Hitze, der Durst, die Mückenstiche und die Angst wurden immer schlimmer, und einen Moment lang fühlte er, wie er in einem Brunnen abgrundtiefen Schreckens versank, aus dem er nur als Verrückter wieder auftauchen konnte. Er schloß die Augen und biß die Zähne so fest zusammen, daß sie schmerzten.

Unter ihm spülte Gruber sein Frühstücksgeschirr im Fluß.

Drake berechnete seine Chancen. Die Schlange an seinem Bein würde sich nicht wegrühren. Sie lag ja schön warm und gemütlich. Was die Klapperschlange vor ihm tun würde, war noch offen. Sie stellte die größere Bedrohung dar, denn ein Biß von ihr würde Drake im Gesicht, an den Armen oder dem Oberkörper verletzen und deshalb lebensgefährlicher sein.

In ihm wuchs das Gefühl, sich bewegen zu müssen.

Je länger er hier lag, desto tauber würde sein Körper werden, so daß seine Muskeln schließlich, wenn er sie brauchte, viel zu langsam reagieren würden. Vielleicht hatte er jetzt schon zu lange gewartet.

Wenn er nur erst die Schlange vor sich loswerden und sich dann um die an seinem Bein kümmern könnte.

Drake hielt den Atem an, denn er wußte genau, wenn die Schlange erst einmal beschloß zuzuschlagen, würde es so schnell passieren, daß das Auge ihr nicht folgen konnte, geschweige denn, daß er würde ausweichen können.

Seine verkrampften Muskeln schrien vor Schmerzen, als er plötzlich den Gewehrlauf nach links riß und die Schlange vor sich zur Seite schleuderte, ehe sie reagieren konnte, während er sich gleichzeitig nach hinten warf und mit dem Kolben des Gewehrs mit aller Macht dahin schlug, wo er die andere Schlange an seinem Bein fühlte.

Er spürte nichts, als der Kolben die Schlange wegschleuderte und er sich zur Seite rollte und den dreieckigen Kopf zerschmetterte, ihn im Staub zermalmte.

Der Gewehr hinter sich herziehend, kletterte er aus dem Loch heraus, schleppte sich ein paar Meter weiter und ließ sich erschöpft auf die Knie fallen, zog die Luft in hastigen Stößen durch den geöffneten Mund ein.

Die Schlange, die er mit dem Lauf weggeschleudert hatte, war verschwunden. Die andere, die er getötet hatte, wand sich immer noch.

Während er so auf dem trockenen Waldboden kniete und sich haltsuchend auf sein Gewehr stützte, spürte Drake, wie eine Welle der Schwäche ihn fast übermannte.

Unter ihm packte Gruber den Gaskocher wieder ein.

Immer noch Zeit genug, dachte Drake.

Er atmete tief ein und hob das Gewehr. Das Fadenkreuz fand seinen Zielpunkt auf Grubers Brust. Auch nach der schrecklichen Erfahrung mit den Schlangen zitterten Drakes Hände nicht.

Sein Finger krümmte sich um den Abzug.

Vielleicht war es nur die außerordentliche Klarheit dieses Morgens im Wald, aber durch das Zielfernrohr erschien Gruber plötzlich nicht nur als ein Ziel, sondern als ein Mann, ein etwas müde aussehender Mann in mittleren Jahren, mit einem kantigen Gesicht und einem gerundeten Bauch, der Drake absolut nichts bedeutete, und es schien Drake, daß es nur Munitions- und Zeitverschwendung wäre, ihn zu töten. Nichts würde sich dadurch ändern, und die Welt würde sich weiterdrehen, wie sie es schon immer getan hatte.

Er ließ das Gewehr sinken. Zum Teufel mit Shelbrook, dachte er. Sollte er sich doch jemand anderen suchen.

Gruber nahm sein Angelzeug und ging den Fluß hinunter.

Drake sah ihm mit einem Gefühl an, das man fast als Erleichterung bezeichnen konnte. Dann spürte er plötzlich ein Brennen an seinem rechten Oberschenkel, und die Anspannung und die Angst kamen wieder, diesmal begleitet von Verzweiflung und einer Übelkeit in der Magengegend. Weil er vorhin nicht gleich etwas gespürt hatte, hatte er angenommen, daß er schneller gewesen sei als die Schlange.

Vorsichtig krempelte er sein Hosenbein hoch.

Die Seite seines Oberschenkels war übersät von feinen, rötlichen Kratzern, und seine Blicke fielen auf den plattgewalzten grünlichgrauen Fleck der Brennesseln. Er hatte sich vorhin durch die Brennesseln gerollt.

Brennesseln, dachte er. Am liebsten hätte er den Kopf zurückgeworfen und gelacht, seine Erleichterung herausgeschrien, bis sie in dem engen Tal widerhallte. Er schüttelte den Kopf. Brennesseln.

Er stand auf und ging mit schnellen Schritten zu seinem Auto zurück.

Sein Bein fing an zu pochen. Er blieb mehrmals stehen und rieb sanft darüber. Als er das Auto erreichte, fühlte sein Bein sich so schwer an, daß er es kaum noch bewegen konnte, und als er das Gewehr im Kofferraum verstaute, mußte er sich plötzlich abstützen, so schwach war er auf den Beinen.

Sanft streichelte er über sein Bein. Die verfluchten Brennnesseln, dachte er. Sicher eine besonders giftige Art.

Er ließ den Motor an, machte sich auf den Weg zurück ins Motel. In seinem Kopf war eine merkwürdige Leichtigkeit, und eine sanfte Übelkeit wuchs in ihm, als er die Straße bis zum Flüßchen folgte. Das

Auto bewegte sich in Zickzacklinien. Mehrere Male konnte er es nur mit Mühe auf der Straße halten.

Als die Straße den Fuß des Berges erreichte, bog sie in einem fast rechten Winkel zur Steinbrücke ab. Drake schaffte es nicht. Das Auto fuhr geradeaus weiter, wälzte sich durch das Gebüsch und zögerte einen Moment an der Uferböschung, ehe es in das seichte Wasser eintauchte.

Mehrere hundert Meter weiter hörte Gruber das Klatschen, ließ seine Angel fallen und lief auf das Geräusch zu. Als er das Autowrack erreichte, hatte Drake sich selbst schon befreit und lag ausgestreckt auf der steilen Uferböschung. Seine Kleidung war durch und durch naß, und ein Hosenbein war hochgekrempelt. Er war blaß, sein Atem ging schnell und flach, und als Gruber auf ihn zurannte, fiel ihm als erstes das nackte Bein auf. Er starrte darauf. Er war kein Arzt, aber was er sah, war auch ihm klar. Sein ganzes Leben lang hatte er sich viel in der freien Natur aufgehalten, und auf den ersten Blick erkannte er, was los war.

Nicht länger verborgen durch die Brennesselreizungen auf Drakes Bein war die Bißstelle im Zentrum einer rötlichen Anschwellung nicht zu verkennen.

Gruber fluchte und suchte nach dem Kästchen mit dem Schlangenserum, das bei sich zu tragen er schon vor langer Zeit gelernt hatte. Seine Finger zitterten, als er Gegengift injizierte, die Bißstelle aufschnitt und die Saugpumpe ansetzte.

Das zu tun, was in seiner Möglichkeit stand, war einfach seine Pflicht, die er jedem schuldig war, aber während Gruber Drake erste Hilfe leistete, konnte er sich des Gefühls nicht erwehren, daß er diesem Mann auf irgendeine Weise ganz besonders verpflichtet war.

Originaltitel: DEATH RATTLE. 3/80
Übersetzt von Brigitte Walitzek

Kenneth Gavrell

Blondinen sind gefährlich

Ich befand mich etwa auf halber Strecke des Gipfellifts, als die ersten Flocken herunterkamen. Ich hoffte, die Abfahrt noch schaffen zu können, ehe es richtig losging, aber als ich den Sicherheitsbügel öffnete, kam der Schnee schon in dicken Schauern. Am Weihnachtsabend hätte er jedem gefühlvollen Menschen das Herz erwärmt; ein durchschnittlicher Skifahrer, der jetzt am Anfang dieser eisigen Piste stand, konnte unter diesen Umständen freilich nur frösteln. Die Sicht war hundsmiserabel.

An der Bergstation standen fünf oder sechs Leute. Ich fuhr zu ihnen hinüber und starrte durch den Flockenwirbel hinunter, der eher wie dichter Nebel wirkte. Zwei junge Kerle in Jeans stießen einen juchzenden Schrei aus und rasten los, als gelte es einen Abfahrtslauf zu gewinnen. Die anderen waren vorsichtiger. Mit Spitzkehren schlichen sie zwischen den geisterhaft fahlen Tannenbäumen hindurch. Die gelblichen Eisplatten, die vorhin in der Mittagssonne noch deutlich zu sehen gewesen waren, waren jetzt schneeüberzogen. Ich steckte die Hände in die Schlaufen meiner Stöcke und machte mich ebenfalls auf den Weg.

Dicke Flocken klebten an meiner Brille, und der Wind heulte in meinen Ohren. Die beiden tollkühnen Burschen mußten den Berg sehr gut kennen. Für einen Skiläufer wie mich ging es darum, das Tempo möglichst niedrig zu halten. Bodenwellen konnte ich keine erkennen; ich spürte sie nur, wenn ich darüberfuhr, und bemühte mich, so gut es ging, sie mit den Knien abzufedern.

Mit langsamen Stemmbögen umfuhr ich auf dem Steilhang die Bäume, die immer wieder plötzlich vor mir auftauchten, und erreichte schließlich die »Wiese«, einen langen, breiten, fast baumlosen Abschnitt, von dessen Ende aus es nicht mehr weit bis zum mittleren Lift war. Im dichten Flockenwirbel war niemand zu sehen. Ich ließ mich über die Buckel gleiten und stellte fest, daß ich auch für erschwerte Bedingungen noch genügend Kraft in den Beinen hatte. Das war erfreulich.

Am unteren Ende wurde die »Wiese« flacher und ebener, und ich richtete mich aus der Hocke auf, um meinen Muskeln etwas Erholung zu gönnen. Plötzlich sah ich durch die weißen Schleier hindurch einen niedrigen grauen Umriß vor mir. Einen Felsblock. Ich konnte ihm nicht mehr ausweichen, fuhr stangengerade darauf und flog, mich überschlagend, mit dem Kopf voraus in den eisigen Schnee. Zum Glück öffneten sich die Sicherheitsbindungen, sonst hätte ich jetzt vielleicht ein oder zwei Beine weniger.

Ich hatte Mund und Nase voll Schnee; die Brille hatte es mir vom Kopf gerissen, und meine rechte Hand schmerzte entsetzlich. Ansonsten war ich aber in reparablem Zustand. Ein paar Sekunden lang blieb ich schwer atmend liegen, ehe ich mich mühsam wieder hochrappelte. Sämtliche Glieder taten mir weh. Ich schaute mich nach dem Felsblock um, aber jetzt sah er nicht mehr aus wie ein Felsblock.

Die Skier an den Fangriemen hinter mir herschleifend, stieg ich zurück, um zu sehen, worum es sich handelte.

Unter einer dünnen Schneeschicht lag zusammengekrümmt ein Mann. Irgend etwas an seiner starren Haltung sagte mir, daß er tot war.

Als ich mich über ihn beugte, um ihn genauer zu untersuchen, entdeckte ich drei nahe beieinanderliegende Schußwunden in seiner Brust. Sein Gesicht war so friedlich, als schliefe er ruhig – die Augen geschlossen, die Haut noch warm. Sein Alter schätzte ich auf etwa fünfunddreißig; er sah gut aus, und war, seiner Ausrüstung nach zu schließen, auch gut betucht. Er wirkte wie ein Mann ohne Probleme – abgesehen davon, daß ihn jemand erschossen hatte.

Fünf Minuten später hatte ich meine Sachen wieder in Ordnung gebracht und setzte die Abfahrt fort. Außer mir schien niemand mehr auf der Strecke zu sein. Ich erreichte den Punkt, wo die Piste eine scharfe Biegung nach links in Richtung zum mittleren Lift machte. Hier kam eine glatte, vereiste Strecke, die ich noch gut im Kopf hatte und deshalb ziemlich schnell nahm. Plötzlich sah ich in kurzer Entfernung eine Gestalt vor mir stehen. Ich schwang ab. Es war eine Frau, die mich durch ihre gelbe Brille neugierig ansah.

»Dort oben liegt eine Leiche im Schnee.« Wegen des Windes schrie ich es fast.

»Was?« sagte sie.

Ich deutete zur »Wiese« hinauf. »Ein Mann – erschossen.«

»Sind Sie verrückt?« Sie schob ihre Brille hoch. Sie war jung, hübsch, brünett, ein Skihäschen-Typ; die hellblaue Kombination brachte ihre Kurven zur Geltung.

»Vergessen Sie's«, sagte ich und fuhr weiter zum Lift. Ich traf dort nur ein paar Skifahrer an, die kurz verschnaufen wollten, ehe sie weiter ins Tal abfuhren. Der Liftmann saß lesend in seiner Bude, und ich rief ihm zu, er solle nach einem Rettungstrupp mit einem Schlitten telefonieren; weiter oben sei jemand ernstlich verletzt. Er legte seine Zeitschrift zur Seite, nahm den Hörer und fragte mich, wie ernstlich verletzt? Ich ließ die Frage kurz auf mich wirken und antwortete dann, es sei wohl besser, wenn er auch die Polizei alarmiere.

Zwei Stunden später saß ich im Polizeirevier. Außer mir waren drei weitere Männer da: Der Polizeichief, ein weiterer Beamter und mein Freund Joe Scully, mit dem ich nach Colorado gefahren war, um dort fünf Tage Urlaub zu machen. Alles in allem waren wir also vier Polizisten. Joe und ich arbeiten zu Hause in der Vermißtenabteilung.

Der Chief – er hieß Hewitt – war ein altgedienter Kollege, der sich hauptsächlich mit Krawallen in Bars zu beschäftigen hatte. Vielleicht brachten ihm mißhandelte Ehefrauen oder Autounfälle dann und wann Abwechslung, aber Mord hatte er wohl noch nicht sehr viele bearbeitet.

Wir tranken Kaffee.

»Wirklich ein Zufall, daß gerade Sie Polizist sind«, sagte der Chef.

»Polizisten fahren auch manchmal Ski«, antwortete ich.

»Warum war denn Ihr Freund nicht oben mit Ihnen?«

»Ich hab früher Schluß gemacht«, sagte Joe. »Mir wird ziemlich rasch kalt.«

»Er macht seine Abfahrten hauptsächlich in der Hotelbar«, erläuterte ich.

Der Chief steckte sich eine neue Zigarette an. Er rauchte sehr viel. »Haben Sie irgend sowas wie Schüsse gehört?« fragte er. »Der Mann war noch nicht lange tot, als Sie ihn fanden.«

»Gehört habe ich nichts«, erwiderte ich. »Vielleicht hat der Wind die Geräusche in eine andere Richtung getragen.«

»Vielleicht waren Sie auch noch zu weit oben am Berg«, sagte der Chief. »Und in der Nähe der Leiche sahen Sie niemand?«

»Nein. Die Sichtweite war fast gleich null.«

»Wirklich komischer Ort, um jemanden zu erschießen«, sagte der Chief.

»Fast ein perfekter Ort, würde ich sagen«, warf Joe ein.

»Haben Sie jemals einen Mordfall bearbeitet?« fragte Hewitt.

»Ich war drei Jahre lang beim Morddezernat«, antwortete ich.

»Ich nicht«, sagte Joe.

»Vielleicht können Sie mir ein bißchen zur Hand gehen, Timothy«, wandte der Chief sich an mich. »Ich hatte bisher erst mit drei Morden zu tun – alles Familiengeschichten, leicht aufzuklären. An diesem Fall werden wir ganz schön zu beißen haben.«

»Was wissen Sie denn bis jetzt?« fragte ich.

Er nahm einen Schluck aus seiner Kaffeetasse. »Sein Name ist Claude Wingfield, siebenunddreißig Jahre, Anwalt, kommt aus Des Moines. Fährt einen 79er Honda Accord – meine Jungs haben ihn auf dem Parkplatz gefunden. Offenbar war er allein hier, was etwas ungewöhnlich ist. Ich weiß nicht, ob er verheiratet war – das wird zur Zeit überprüft. Auf den Autopsiebefund warten wir noch. Aber wir haben drei .32er Patronenhülsen bei der Leiche gefunden.«

»Wo übernachtete er?«

»In der ›Green Pine Lodge‹. Wir fanden den Schlüssel in seiner Tasche. Ich hab schon jemanden hingeschickt.«

Die Tür ging auf, und ein weiterer Polizist erschien. »Das Opfer war verheiratet, Chief. Ich habe seine Frau angerufen. Sie fliegt her, soll gegen Abend kommen.«

Der Chief sah befriedigt drein. »Wann wollten Sie beide abreisen?«

»Morgen«, sagte Joe.

»Bis dahin bleiben wir in Verbindung, ja? Vielleicht können Sie uns wirklich helfen.«

»Natürlich«, erwiderte ich. Ich schrieb Hotel und Zimmernummer auf einen Zettel und schob ihn ihm über den Schreibtisch zu. »Wir kommen nach dem Abendessen noch mal herüber«, sagte ich.

»Gut.«

Joe und ich gingen in die erste Bar, die am Weg lag, und tranken ein paar Biere. Der Barkeeper, ein großer, rotgesichtiger Mann von skandinavischem Typ, fragte uns, ob wir schon von dem Mord auf der Piste gehört hatten. Wir bejahten. Um sechs Uhr gingen wir zurück ins Hotel, duschten und machten uns dann auf zum »Top Sirloin«, einem Restaurant mit nachgemachter Western-Einrichtung. Als wir gegessen hatten, war es fast acht. Wir kehrten zum Polizeirevier zurück. Hewitt saß an seinem Schreibtisch und trank Kaffee.

»Setzen Sie sich.« er deutete auf zwei Stühle. »Wir haben das Ergebnis der Autopsie.«

»Ist Mrs. Wingfield schon da?« fragte ich.

Er schüttelte den Kopf. »Sie muß in Denver umsteigen. Das dauert einige Zeit.«

»Und die Autopsie – was hat die ergeben?«

»Drei Schüsse in die Brust aus einer .32er. Sehr kurzer Abstand, höchstens ein Meter. Ein Schuß ging durchs Herz. Er muß auf der Stelle tot gewesen sein. Was meinen Sie? Für mich sieht es aus, als könnte das eine Frau gewesen sein: Kleinkalibrige Waffe aus so kurzer Entfernung. Der Mann war verheiratet, fuhr aber ohne seine Frau hier Ski und trug keinen Ehering.«

»Auch Männer haben .32er Automatics«, sagte ich.

»Der wollte wohl hier was aufreißen«, sagte der Chief. »Nach Auskunft des Hotels kam er allein an und nahm ein Einzelzimmer.«

»Wie lange war er schon hier?«

»Drei Tage.«

»Hat er sich Frauen mit aufs Zimmer genommen?«

»Wer weiß? Das Hotel ist so groß, daß so etwas niemandem auffällt.«

»Sie können wohl nicht viel tun, bevor sie nicht mit seiner Frau gesprochen haben«, sagte ich.

Er brummte zustimmend. »In ein paar Stunden müßte sie hier sein.«

»Können Sie uns für die Zwischenzeit eine Bar empfehlen?«

»Die ›Red Lantern‹. Angenehme Atmosphäre – wie in einem Klub. Nicht viele junge Leute dort.« Er erklärte uns den Weg.

Draußen schneite es immer noch. Verschneit, wie sie jetzt war, sah die kleine Stadt, ein früheres Bergbauzentrum, hübsch wie auf einer Postkarte aus. Die Straßen waren belebt; lärmende Gruppen strebten zum Après-Ski. Die ›Red Lantern‹ erwies sich als durchaus gediegener Ort. Es gab Kronleuchter, eine lange Theke aus dunklem Holz, Plüschstühle und Kerzen auf den Tischen. Hinter der Theke warf ein mit Gravuren verzierter Spiegel das Licht der Lüster zurück. Die roten Tapeten waren mit schwarzem Arabeskendekor versehen.

»Gefällt es dir hier?« fragte mich Joe.

»Es ist ruhig.«

»Bißchen zu pompös für meinen Geschmack«, sagte er.

»Möchtest du denn noch weiter durch den Schnee latschen?«

»Nein«, räumte er ein.

Wir nahmen auf zwei Barhockern Platz. Joe bestellte ein Bier, ich eine Bloody Mary. Der zierliche Barkeeper trug eine schwarze Fliege zur Weste, dazu rote Ärmelhalter. Er übertrieb ein wenig, fand ich.

Als wir eine zweite Runde bestellten, wollte der Barkeeper wissen, ob wir Skiläufer seien.

»Das ist doch hier jeder«, sagte Joe. »Warum fragen Sie?«

»Wegen des Gesprächs, das Sie führten«, sagte der Barmann. »Ich dachte, Sie seien vielleicht Polizisten.«

»Haben Sie viel mit Polizisten zu tun?«

»Nicht hier, aber ich habe zwanzig Jahre lang in Chicago gearbeitet. Da habe ich die Polizei ganz gut kennengelernt.« Er wischte mit einem sauberen Tuch über den sauberen Tresen. »Und da dachte ich mir, na ja, wegen dieses Mordes ...«

»Sie haben recht«, bestätigte ich. »Wir sind Polizisten. Aber eigentlich sind wir zum Skilaufen hier.«

»Ich habe diesen Mann gesehen«, sagte der Barkeeper.

»Was?«

»Er war gestern abend hier.«

»Woher wissen Sie denn, daß er das war?«

»Ein Gast, der im Krankenhaus arbeitet, kam heute abend vorbei. Er sagte, der Name des Mannes sei Wingfield – groß, gut aussehend, Mitte dreißig. Nun, gestern abend war ein Mann namens Wingfield hier, auf den die Beschreibung paßt.«

»Woher wissen Sie denn seinen Namen?«

»Er bezahlte mit einer Kreditkarte. Aber das ist nicht der Hauptgrund; er ist mir wegen der Blondine, die bei ihm war, im Gedächtnis geblieben. Sie trug eine von diesen durchsichtigen Blusen.«

In Joes Augen erwachte berufliche Neugier. Auch ich hatte mich über die Bar gebeugt. »So?« machte Joe.

»Sie waren nicht lange hier, vielleicht eine Dreiviertelstunde. Beide schon ziemlich high. Offenbar waren Sie auf 'ner Tour durch die Nachtklubs und hatten schon ein paar davon absolviert, bevor sie hierher kamen.«

»Waren sie lieb miteinander?« wollte Joe wissen.

»Ja, ziemlich. Aber ich dachte, Sie seien zum Skifahren hier«, sagte der Barkeeper.

»Wie sah sie aus?«

»Wie ein Traum. Langes, blondes Haar, blaue Augen, eine Figur, wie man sie sich gern vorstellt, aber nicht sehr oft sieht.«

»Sie sollten sich wirklich schämen«, scherzte ich.

»Ich bin erst fünfundvierzig«, sagte er. »Mein Knie schlägt noch aus, wenn Sie mit 'nem Hämmerchen draufhauen.«

»Haben Sie gehört, was sie redeten?« fragte ich.

»Nein. Sie saßen an einem Tisch – dem da drüben.« Er deutete zu einer Ecke, über der eine rote Wandleuchte hing. »Und da war noch etwas, weswegen ich mich besonders an ihn erinnere. Als sie gingen, sagte er, ich solle fünf Dollar als Trinkgeld behalten.«

»Damit wollte er wohl die Blondine beeindrucken«, meinte ich.

»Das schien mir eigentlich gar nicht mehr nötig zu sein.«

»Falls Sie sie wieder mal sehen sollten – Hewitt, Ihr Polizeichief würde sich sicher sehr dafür interessieren.«

»Ich lasse mich nicht gern in solche Dinge reinziehen.«

»Es geht um Mord«, erinnerte ihn Jose.

»Sie haben recht«, sagte der Barmann. »Wenn ich sie sehe, melde ich es.«

Nach dem zweiten Drink wollte Joe weiter. Wir versuchten es in zwei weiteren Bars. In der ersten gab es viele junge Leute und laute Musik. In der zweiten lag Sägemehl auf dem Boden, und Bierfässer dienten als Stühle. Auch hier ging einem die Musik auf die Nerven, aber wir bestellten zwei Biere. Während ich bezahlte, kam ein Mädchen herüber und sah mich von oben bis unten an.

»Sie waren doch der Verrückte auf der Piste heute nachmittag.«

»Der was?«

»Ich habe Sie an Ihrer Jacke erkannt.« Das Kleidungsstück war etwas ungewöhnlich, rot mit gelben Streifen. »Ich dachte, Sie seien meschugge, als Sie mir erzählten, dort oben liege ein Toter.«

Jetzt erkannte ich sie. Ohne Mütze und Brille und in ihrem engen schwarzen Pullover sah sie noch hübscher aus.

»Nochmal hallo«, sagte ich. »Wollen Sie sich nicht zu uns setzen?«

»Warum nicht.«

Joe rückte zur Seite, so daß zwischen uns Platz war. Er warf mir auch einen sehr bedeutungsvollen, wenn nicht sogar neidischen Blick zu.

»Wie heißen Sie?«

»Connie Petersen.«

»Bob Timothy. Das ist mein Freund Joe Scully. Was trinken Sie?«

»Bier.«

Ich bestellte es.

»Ich glaube, ich muß mich entschuldigen«, sagte sie.

»Unter den Umständen war das doch ganz verständlich«, erwiderte ich.

»Alles redet nur von dem Mord.«

»Ja, das habe ich auch bemerkt.«

»Eigentlich müssen Sie sich irgendwie merkwürdig fühlen, nachdem Sie den Mann gefunden haben.«

»Ich fühlte mich in dem Augenblick ziemlich komisch«, gab ich zu.

Sie kniff ihre hübschen blaugrauen Augen ein wenig zusammen. »Sie gefallen mir. Wie lange bleiben Sie hier?«

»Wir reisen morgen früh ab.«

»Oh«, seufzte sie enttäuscht. Dann sagte sie plötzlich: »Ich glaube, ich muß jetzt gehen. Mein Freund wartet auf mich.«

»Ihr Freund? Warum ist er denn nicht hier?«

»Er ist nicht mein Gefängniswärter«, antwortete sie spitz.

Sie nahm ihren Mantel vom Haken. »Nun, vielleicht sehen wir uns bald wieder.«

»Wäre schön.«

Sie ging durch die Schwingtür hinaus und öffnete die äußere Glastür.

»Das hast du verpatzt«, schimpfte Joe. »Verdammt, das hast du verpatzt.«

Der Barkeeper kam mit Connies Bier. Joe und ich teilten es uns. Dann schlug ich vor, wir sollten zum Polizeirevier zurückgehen.

Mrs. Wingfield war eine Viertelstunde vor uns angekommen. Sie befand sich jetzt im Büro des Chiefs. Er hatte Auftrag gegeben, uns gleich hereinzuholen.

Sie war in den Anfangsdreißigern, hübsch und etwas mollig. Sie trug eine anthrazitgraue Hose, einen dicken beigen Pullover und einem lammfellgefütterten Wildledermantel. Als wir eintraten, drehte sie sich zur Tür, und Hewitt stellte uns vor. Ihre Augen waren trocken, und sie wirkte sehr selbstbewußt.

»Mrs. Wingfield erzählte mir gerade von ihrem Mann«, sagte Hewitt mit einem Blick, der verriet, daß hier Interessantes zu hören war.

Wir setzten uns.

»Er fuhr also am Freitag morgen los«, fuhr Hewitt fort, »und kam am Samstag abend hier an. Entsprach es seiner Gewohnheit, allein in Urlaub zu fahren, Mrs. Wingfield?«

»Das taten wir beide schon jahrelang.« Sie hatte eine trockene, kratzende Stimme.

»Sie kamen nicht sehr gut miteinander aus?«

»Wir waren seit elf Jahren verheiratet. Die ersten beiden Jahre ging es ganz gut.«

»Halten Sie es für möglich, daß Ihr Mann hier eine andere Frau traf?«

»Durchaus.«

»Ist so etwas auch früher schon passiert?«

»Oh ja. Claude war ein Frauenheld. Er bevorzugte vollbusige blauäugige Blondinen. Ich habe dunkles Haar, wie Sie sehen.«

»Gestern abend wurde Ihr Mann mit einer Blondine gesehen, Mrs. Wingfield«, warf ich ein.

Der Chief schaute auf. Wenn ich ihn als ersten davon informiert hätte, hätte das keinesweg schaden können, sagte sein Blick dieses Mal.

Mrs. Wingfield zuckte die Achseln. »Vielleicht war es Marilyn Losser.«

»Wer ist Marilyn Losser?« fragte Hewitt.

»Seine neueste Flamme, soviel ich weiß. Verheiratet. Eine meiner Freundinnen war so nett, mich darüber aufzuklären.«

»Alle Anzeichen sprechen dafür, daß Ihr Mann allein hierherfuhr«, sagte Hewitt.

»Dann fürchte ich, Ihnen nicht helfen zu können«, erwiderte sie.

»Wissen Sie die Adresse dieser Marilyn Losser?« fragte ich.

»Nein. Vielleicht finden Sie sie im Telefonbuch von Des Moines.«

»Haben Sie Kinder, Mrs. Wingfield?« wollte ich wissen.

»Nein. Sie überlegen sich wohl, warum ich bei ihm blieb. Die Antwort ist äußerst einfach. Geld. Ich bin es nicht gewohnt, ohne Geld zu leben, habe aber auch kein sehr großes Talent, selbst welches zu verdienen.«

»Sie sind sehr offen«, sagte ich.

»Das erleichtert die Dinge, nicht wahr?« antwortete sie bitter. »Was möchten Sie sonst noch wissen?«

»Hatte Mr. Wingfield Feinde? Ich meine, Leute, denen man zutrauen könnte, daß sie ihm nach dem Leben trachten?« fragte der Chief.

»Sie meinen außer Marilyn Lossers Mann? Doch, einige, nehme ich an. Claude war kein ausgesprochen liebenswürdiger Mann – zu selbstsicher, distanziert und gleichzeitig ein wenig angeberisch. Man sah ihm an, daß er Erfolg hatte. In Des Moines hat er sich einen Namen gemacht, vor allem nach dem Skandal vor zwei Jahren.«

»Was war da los?«

»Es war ein großer politischer Skandal – Verschwendung von Steuergeldern, Bestechung, Schmiergelder. Einer der Beteiligten verübte Selbstmord.«

»Und welche Rolle spielte Ihr Mann dabei?«

»Er hat die Affäre aufgedeckt. Er war kein berufsmäßiger Tugendbold, aber er hatte Informationen über einige Leute und erkannte, daß es seiner Karriere nützen würde, wenn er die Mißstände publik machte – und das tat er dann auch.«

Hewitt räusperte sich.

»Wollen Sie jetzt die... die Leiche sehen? Sie müssen sie zweifelsfrei identifizieren. Das hat aber auch noch bis morgen Zeit.«

»Jetzt gleich, wenn es Ihnen recht ist«, antwortete sie.

Er stand auf. »Einer meiner Leute wird Sie begleiten.«

»Danke.«

»Haben Sie schon ein Hotelzimmer?«

»Ich hoffte, Sie würden mir da behilflich sein können.«

»Natürlich.«

»Ich bin bereit, so lange zu bleiben, wie Sie mich brauchen«, sagte Mrs. Wingfield, »aber auch nicht länger, als unbedingt nötig.«

»Ich verstehe«, sagte Hewitt und ging hinaus, um einen seiner Männer zu holen.

Joe wollte am nächsten Morgen früh losfahren. Ich wollte erst noch den Polizeichief aufsuchen.

»Ich packe einstweilen das Auto«, sagte Joe. »Bleib nicht zu lange, es ist nicht dein Fall.«

Hewitt und ein weiterer Polizist kamen gerade aus dem Polizeigebäude, als ich dort anlangte.

»Sie kommen gerade recht!« rief Hewitt. »Wollen Sie uns auf einem Spaziergang begleiten?«

»Wohin?«

»Zum Green Pine Lodge.«

»Was gibt's denn da?«

»Wingfield war am Montag abend in einer Bar in eine Auseinandersetzung verwickelt. Die Bar liegt ganz in der Nähe des Green Pine. Offenbar ging es um eine Frau – eine Blondine.«

»Woher wissen Sie das?«

»Das haben drei Personen gemeldet, die Wingfields Bild in der Zeitung sahen. Eine davon kannte den anderen Mann. Wohnt im ›Green Pine‹. Genau wie Wingfield.«

Für einen älteren Mann marschierte der Chief recht munter. In Fünf Minuten waren wir beim Hotel.

Die Green Pine Lodge war ein dreistöckiges Gebäude. Die mit vielen großblättrigen Pflanzen ausgestattete Halle hatte holzgetäfelte Wände, einen gefliesten Boden und links neben der Rezeption einen gemauerten Kamin. Zwei junge Angestellte standen am Eingang.

Hewitt fragte nach Mrs. Muller.

Einer der Angestellten klopfte an eine Tür. Eine Frau öffnete. Der Angestellte sprach kurz mit ihr und deutete auf uns. Sie rief: »Kommen Sie herein, Mr. Hewitt. Ich habe schon auf Sie gewartet.«

Wir traten in das Büro. Hewitt schloß die Tür und stellte mich Mrs. Muller vor. Sie nahm hinter ihrem Schreibtisch Platz, und wir ließen uns in bequemen Sesseln nieder.

Mrs. Muller war eine großgewachsene, energisch wirkende Frau in den Fünfzigern. Sie trug eine exotisch wirkende Brille an einer goldenen Kette und sah aus, als sei sie imstande, nicht nur über die Green Pine Lodge, sondern auch noch die halbe Stadt das Regiment zu führen. »Ich vermute«, sagte sie, »es handelt sich um diesen Mord.«

»Ich fürchte ja, Mrs. Muller.«

»Das erste Mal, daß wir hier so was haben. Unser Haus besteht nun seit fünfzehn Jahren.«

»Es ist nicht hier passiert«, sagte Hewitt. »Der Mord geschah droben am Berg.«

»Trotzdem, er war einer unserer Gäste.«

»Stimmt. Offen gesagt, Mrs. Muller, ich bin hier, um einen Ihrer anderen Gäste zu überprüfen. Ich weiß seinen Namen nicht, aber er ist eins fünfundsiebzig groß, hat schwarzes Haar und eine unreine Haut. Alter um die dreißig – wiegt ungefähr fünfundsiebzig Kilo.«

»Ist er allein hier?«

»Weiß ich nicht.«

»Ich frage den Portier.«

Sie ging hinaus und kam nach drei Minuten wieder zurück. »Könnte ein Mann namens Aaron sein – Zimmer 16 im ersten Stock. Er teilt den Raum mit einem Mann namens Koszinsky. Warum suchen Sie ihn?«

»Nur eine Routineangelegenheit«, antwortete Hewitt.

»Ich bin wirklich nicht scharf darauf, daß mein Haus ins Gerede kommt«, sagte sie.

»Das wird es nicht, Mrs. Muller. Wir sehen nur mal nach, ob Mr.

Aaron da ist.«

Hewitt öffnete die Lasche seines Revolverhalfters und bedeutete dem anderen Polizisten, das gleiche zu tun. Wir gingen zu Zimmer 16, und Hewitt klopfte. Man hörte Schritte. Dann ging die Tür auf. Ein Mann in Skihosen und T-Shirt schaute uns fragend an. Hewitts Beschreibung paßte genau auf ihn.

»Ich bin der Chief der hiesigen Polizei«, erklärte Hewitt. »Dürfen wir einen Augenblick zu Ihnen hereinkommen?«

Der Mann trat zur Seite, um uns vorbeizulassen. »Worum handelt es sich?«

»Können Sie sich ausweisen?« fragte Hewitt.

Der Mann holte seine Brieftasche hervor und gab sie Hewitt, der sich den Führerschein ansah. »Frank Aaron, San Francisco«, las er laut.

»Und?« fragte Aaron.

Hewitt gab ihm seine Brieftasche zurück. »Sie sind mit einem Freund hier?«

»Ja. Er heißt Ralph. Ist schon draußen auf der Piste. Ich bin gerade selbst dorthin unterwegs.«

»Soviel ich weiß, hatten Sie vor ein paar Tagen eine Auseinandersetzung in der – Silver-Lodge-Bar.«

»Kann sein. Weiter?«

»Wissen Sie, wer der andere Mann war?«

»Na sicher – er hat sein Zimmer weiter unten am Ende des Ganges. Der Kerl hält sich für einen Filmstar.«

»Wissen Sie, wie er heißt?«

»Nein. Danach hab ich ihn nicht gefragt.«

»Sie haben wohl in letzter Zeit keine Zeitung gelesen«, sagte Hewitt. »Sein Name war Wingfield, und er wurde gestern nachmittag oben auf der Piste erschossen. Wie ist es möglich, daß Sie davon nichts wissen?«

»Ich habe seit gestern nachmittag vier Uhr das Zimmer nicht mehr verlassen. Ich war kaputt. Schlief zwölf Stunden lang.«

Das war die falsche Reaktion. Zu einfach. Er log.

»Was war der Grund für Ihren Streit, Mr. Aaron?« fragte Hewitt.

»Wenn Sie von dem Streit wissen, sollten Sie auch den Grund kennen.«

»Sagen Sie ihn mir.«

»Es ging um eine Frau, Himmel noch mal. Ich war betrunken und wollte mich an die Blondine heranmachen, mit der er gekommen war. Ich hätte das nicht getan, wenn ich nüchtern gewesen wäre. Er wurde sauer. Ich glaube, ich war ziemlich aggressiv. Es gab ein bißchen Geplärre und ein paar zerbrochene Gläser, nichts weiter.«

»Wer war die Blondine?« fragte ich ihn.

»Die hübscheste Frau, der ich seit langem begegnet bin. Sie trug eine durchsichtige Bluse.« Sein Blick ging von mir zu Hewitt und dann wieder zu mir. »Warum, zum Teufel, fragen Sie mich das? Fragen Sie den Portier. Sie wohnt hier.«

»Es paßt alles zusammen«, sagte Hewitt.

»Haben Sie eine Waffe, Mr. Aaron?« fragte ich.

»Nein«, antwortete er. Dann senkte er den Blick. »Also gut, ich hab einen Revolver. Sie würden das ja sowieso rausfinden. Aber was ist damit bewiesen?«

»Haben Sie ihn bei sich?«

»Er liegt im Handschuhfach meines Autos. Es steht auf dem Parkplatz.«

»Zeigen Sie Ihr Auto diesem Beamten«, wies Hewitt ihn an. »Jetzt wollen wir sehen, ob unser blondes Gift da ist.«

Aaron machte sich mit dem anderen Polizisten auf den Weg zum Parkplatz, während Hewitt und ich zum Empfang zurückgingen. Die Blondine wohnte in Zimmer 9; als ihr Name war Jill Howells angegeben. Wir gingen zu dem Zimmer und klopften. Niemand rührte sich. Die Tür war verschlossen.

»Haben Sie vielleicht eine Ahnung, wo die Dame von Zimmer 9 sein könnte?« fragte Hewitt den Portier.

»Möglicherweise ist sie abgereist. Sie hat nur bis heute bezahlt.«

»Daß sie wegging, haben Sie nicht gesehen?«

»Nein.«

»Ich möchte mir gern das Zimmer ansehen«, sagte Hewitt.

Der Portier nahm einen Schlüssel vom Brett, und wir gingen zu Zimmer 9 zurück. Zu finden war nichts außer einem ungemachten Bett, gebrauchten Handtüchern und dem Zimmerschlüssel auf dem Tisch.

»Nicht mal 'ne lausige Haarnadel«, seufzte Hewitt, als wir uns umgesehen hatten.

Am Empfang ließen wir uns noch einmal den Meldezettel geben. Mrs. Muller kam aus ihrem Büro und beobachtete uns. Auf dem Zettel stand eine Adresse in Omaha. Die Zeile für die Autonummer war leer.

»Wo ist ihre Autonummer?« fragte ich den Portier.

»Sie muß mit dem Flugzeug gekommen sein«, antwortete er.

»Aber dann brauchte sie doch heute morgen ein Taxi, um zum Flughafen zu kommen.«

Er zuckte die Achseln. »Von hier aus hat sie keines bestellt.«

»Sie interessieren sich auf für diese Frau?« fragte Mrs. Muller.

»Sie scheint Wingfield gekannt zu haben«, erwiderte Hewitt.

Aaron und der Polizist kamen wieder herein. Der Beamte trug einen .38er Colt in der Hand.

»Haben Sie in dem Auto sonst noch was Interessantes gefunden?« fragte ihn Hewitt. Der Mann schüttelte den Kopf.

»Legen Sie den Revolver wieder zurück«, sagte Hewitt. Er wandte sich Aaron zu, der nach dem kleinen Spaziergang im T-Shirt ziemlich erfroren aussah. »Okay, das ist alles. Wann wollen Sie abreisen?«

»Am Freitag.«

»Gut«, sagte Hewitt. »Wenn wir Sie noch brauchen, melden wir uns.«

Aaron ging die Treppe hinauf. Hewitt dankte Mrs. Muller für ihre Hilfe, und wir stiegen wieder ins Auto, um zum Polizeirevier zurückzufahren.

»Aaron behauptet, von dem Mord nichts zu wissen, aber da lügt er«, sagte ich. »Allerdings glaube ich nicht, daß er damit zu tun hat – er hat nur Angst.«

»Zu tun hat er wohl nichts damit, ja. Es sei denn, er hat zwei Waffen«, sagte Hewitt.

»Die Adresse in Omaha, die diese Frau angegeben hat, ist falsch. Versuchen Sie es in Des Moines. Aber da werden Sie auch nicht viel Glück haben. Der Name ist ebenfalls falsch.«

»Vielleicht war es einfach ein Zufall, daß die beiden im selben Hotel waren«, meinte Hewitt.

»Schon möglich.«

»Wann reisen Sie ab?«

»Vor einer Stunde. Joe muß schon Schaum vor dem Mund haben.«

»Also, vielen Dank für Ihre Hilfe«, sagte er.

»Alles Gute.«

Er runzelte nur die Stirn und ging weiter.

Die Straße war von drei Meter hohen Schneewällen gesäumt. In Denver lag Matsch. Es war klares Wetter an diesem Nachmittag, und die bläuliche Kette der Rocky Mountains war bis in weite Ferne zu sehen. Wir übernachteten in einem Motel in Ogallala. Am nächsten Morgen war es grau und trübe geworden. Wir aßen in Fernfahrerkneipen. Joe überschritt ständig die Geschwindigkeitsbegrenzung; sie auf der endlosen Schnellstraße nach Des Moines einzuhalten wäre so, als schaufle man mit einem Teelöffel Schnee, sagte er. Alle drei Stunden wechselten wir uns am Lenkrad ab. Gegen neun Uhr abends erreichten wir Des Moines.

»Wird allmählich Zeit, daß wir uns ein Motel suchen«, sagte ich.

»Willst du nicht durchfahren?«

»Warum sollen wir uns so abrackern?«

»Spart einiges Geld«, gab Joe zu bedenken.

»Geht auf meine Rechnung«, sagte ich.

»Weißt du, was ich glaube?«

»Nein. Was?«

»Sobald wir in einem Motel sind, rufst du eine Blondine namens Marilyn Losser an.«

»Könnte sein.«

»Da würde ich jede Wette eingehen«, sagte Joe.

Im Telefonbuch standen nur zwei Lossers, und ich erwischte sie gleich beim erstenmal. Zum Glück war sie selbst am Apparat, nicht ihr Mann.

»Mrs. Losser, mein Name ist Bob Timothy. Ich bin Polizeibeamter.«

»Was ist los?« fragte sie besorgt.« Ist ein Unfall passiert?«

»In gewisser Weise«, erwiderte ich. »Die betroffene Person heißt Claude Wingfield.«

»Nie gehört«, sagte sie, und ihre Stimme klang immer noch sehr besorgt. »Worum geht es denn?«

»Er wurde in einen Unfall verwickelt. Ich bearbeite die Angelegenheit. Sie können jetzt nicht frei sprechen, nehme ich an.«

»Nein«, sagte sie.

»Ich kann morgen nachmittag bei Ihnen vorbeikommen, wenn Ihr Mann im Büro ist. Oder wir können uns irgendwo treffen, wenn Sie das vorziehen.«

»Und woher weiß ich, daß das stimmt, was Sie sagen?«

»Ich tue mein Bestes, Ihnen Schwierigkeiten zu ersparen.«

»Die zweite Möglichkeit wäre mir lieber«, sagte sie nach einer Pause. »Haben Sie ein Auto?«

»Ja.«

»Wie wär's in der Kaffeebar des Colonial Motel? Das ist in der Nähe der Autobahn.«

»Ja, kenne ich. In Ordnung.«

»Morgen früh zehn Uhr?«

»Abgemacht«, sagte sie. »Ich werde einen gelben Mantel tragen.« Sie legte auf.

Joe hatte vom Bett aus zugehört. »Es ist wohl besser, wenn ich mich allein mit ihr treffe«, sagte ich. »Wenn wir zu zweit sind, schüchtert sie das nur ein. Sie rechnet mehr oder minder damit, Farbe bekennen zu müssen.«

Der nächste Morgen war wieder trüb und kalt. Wir frühstückten in der Kaffeebar. Um dreiviertel Zehn ging Joe wieder ins Zimmer hinauf. Ich schaute zum Fenster hinaus, während ich wartete. Fast genau fünfzehn Minuten später hielt ein blauer Chevrolet vor dem Haus, und eine sehr hübsche Blondine in einem gelben Mantel stieg aus. Sie war allein.

Als sie hereinkam, sah sie sich unsicher um. Ihr Blick fiel auf mich, und ich gab ihr ein Zeichen. Der Saal war voll; die Blicke der Männer begleiteten sie, bis sie sich zu mir gesetzt hatte.

»Sie sind der Polizist?«

»Ja.«

»Zeigen Sie mir Ihre Marke.«

Ich zeigte sie ihr. Sie war zu nervös, um zu merken, daß es die

Marke eines anderen Bundesstaates war und ich hier nichts zu melden hatte.

»Was ist mit diesem Claude Wingfield? Sie haben mir eine schlaflose Nacht bereitet.«

»Jemand hat auf ihn geschossen.« Ich beobachtete sie genau. Entweder war es ein wirklicher Schock für sie, oder sie war eine hervorragende Schauspielerin.

»Ist es schlimm?« fragte sie. »Wer hat es getan?«

»Das wissen wir nicht. Deswegen bin ich hier. Es ist schlimm.«

»Wie schlimm?« Mit angstvollen Blicken durchforschte sie meine Miene.

»Er ist tot.«

Sie brach in Tränen aus. Es waren echte Tränen – gespielt konnte das nicht sein. Mir fiel ein, wie ganz anders Mrs. Wingfields Reaktion gewesen war.

Ich wartete, bis sie sich wieder beherrschen konnte. »War Ihr Mann am Dienstag hier, Mrs. Losser?«

Sie schneuzte sich. »Jack? Sie sind ja verrückt. So etwas würde Jack niemals tun.«

»Sind Sie da ganz sicher?«

»Ich habe Claude seit letztem Sommer nicht mehr gesehen. Claudes Beziehungen zu Frauen dauerten niemals sehr lange. Jack hatte einen Verdacht – er haßte Claude, aber er ist nicht der Typ . . .«

»War er am Dienstag zu Hause?«

»Jack hat die Stadt nicht verlassen, seit wir im Juli vorigen Jahres in Kanada beim Angeln waren.« Sie zerknüllte ihr feuchtes Taschentuch. »Mein Gott, ich kann es nicht glauben. Wie ist es passiert?«

»Er war in Colorado auf Skiurlaub. Jemand hat ihn auf der Piste erschossen.«

»Und Sie haben keine Ahnung, wer es war?«

»Gewisse Vorstellungen schon. Aber an Fakten ist bis jetzt noch nicht viel da.«

»Über Claude bin ich nie richtig hinweggekommen«, sagte sie mehr zu sich selbst. »Tut mir leid, aber ich kann Ihnen nicht helfen, Leutnant Timothy. Ich weiß wirklich nicht, wer ihn erschossen haben könnte.«

»Wissen Sie, ob er in letzter Zeit mit irgendeiner anderen Blondine zu tun hatte?«

»Nein. Sie meinen, es war eine Frau?«

»Er war mit einer Blondine dort. Sie verschwand nach dem Mord.«

»Ich bin die ganze Woche hier gewesen«, versicherte sie. »Das kann ich in zwei Minuten beweisen.«

»Sie brauchen das nicht zu beweisen. Ich glaube Ihnen.«

»Mein Mann auch«, sagte sie.

»Entschuldigen Sie, daß ich Ihre Zeit in Anspruch genommen habe, Mrs. Losser. Möchten Sie eine Tasse Kaffee?«

»Ja«, sagte sie.

»Na?« fragte Joe, als ich ins Zimmer trat.

»Das ist nicht die Blondine, die wir suchen.«

»Und ihr Mann?«

»Hat die Stadt nicht verlassen, behauptet sie.«

»Dann können wir jetzt wohl nach Hause fahren?«

»Noch nicht. Ich möchte Mrs. Wingfield anrufen. Vermutlich ist sie jetzt wieder zurück. Wirf mir doch mal das Telefonbuch rüber. Und danach möchte ich der hiesigen Zeitung einen Besuch abstatten.«

»Wozu?« fragte Joe.

»Um mir Bilder anzusehen.«

Wir warteten bis sechs Uhr abends, ehe wir hinfuhren. Zur Abendbrotzeit sind die meisten Leute zu Hause.

Das Wohnhaus lag in einem der besseren Stadtteile. Joe trug seine Dienstwaffe bei sich. Am Eingang stand ein Wachmann, aber als wir unsere Marken vorzeigten, ließ er uns durch. An den Wänden der marmornen Eingangshalle hingen Gemälde. Wir fuhren mit dem Aufzug zum fünften Stock und traten dann auf einen mit Teppichen ausgelegten Korridor mit indirekter Beleuchtung. Die Wohnung, zu der wir wollten, lag rechts am Ende des Ganges. Radiomusik drang leise heraus. Joe stellte sich neben die Tür. Ich trat vor den Türspion und klopfte.

Zunächst rührte sich nichts. Ich klopfte noch einmal – lauter. Der Spiondeckel ging auf. Nach einer kurzen Weile öffnete sich die Tür einen Spalt breit, und ich sah ihr hübsches Gesicht herauslugen.

»Sie«, sagte sie. »Wie in aller Welt...«

»Darf ich reinkommen?«

»Ich weiß nicht...« Die Tür war mit einer Sperrkette gesichert.

»So ist die Unterhaltung doch etwas mühsam«, sagte ich.

Sie zögerte, löste dann die Kette. Ich war mit zwei raschen Schritten über der Schwelle, gefolgt von Joe. Noch ehe sie die Situation ganz erfaßt hatte, hatte er die Tür hinter uns geschlossen.

»Was, zum Teufel, soll denn das?« stieß sie wütend hervor.

»Ängstlich sind Sie nicht, das muß man Ihnen lassen«, sagte ich. »Aber wer jemanden umbringen kann, muß ja Mut haben.«

»Wer sind Sie eigentlich?«

Wir holten unsere Marken hervor. Sie sah sie sich sorgfältig an. »Sind Sie nicht ein bißchen weit ab von Ihrem Revier?«

»Nein, die Sache geht mich schon etwas an«, erwiderte ich. »Vergessen Sie nicht – ich bin derjenige, der über die Leiche stürzte.«

»Ich weiß wirklich nicht, wovon Sie reden und was Sie hier wollen.« Sie schaltete das Radio aus. Ihre blaugrauen Augen blitzten mich zornig an. Das beige Negligé, das sie trug, brachte ihre Figur so gut zur Geltung, daß man verstand, wie sie in einer durchsichtigen Bluse erwachsene Männer verrückt machen konnte.

»Wie ich höre, sollen Sie als Blondine noch eindrucksvoller sein, Miss Brower. Oder ziehen Sie den Namen Petersen vor oder Howells?«

»Machen Sie, daß Sie hinauskommen.«

»Wollen wir uns nicht setzen?«

»Raus, sagte ich.«

»Gut, ich werde mich setzen.« Joe blieb stehen. Sie war außer sich vor Wut.

»Sie haben uns ganz schön in Trab gehalten«, sagte ich. »Das blonde Haar war eine gute, wenn auch auf der Hand liegende Idee. Der Mann stand auf Blondinen. Wessen Vorschlag war es, getrennt nach Colorado zu fahren?«

Sie starrte mich an.

»Und wessen Idee waren die getrennten Zimmer? Seine, möchte ich wetten. Er plante immer alles sehr sorgfältig. Der Mann war auf dem Weg nach oben in dieser Stadt, und zwar aufgrund dessen, was er Ihrem Vater und verschiedenen Kommunalpolitikern hier zugefügt hatte. Aber nur Ihr Vater hatte einen Zusammenbruch und beging Selbstmord.«

Ein Röcheln entrang sich ihrer Kehle.

»Die Idee mit der Reise nach Colorado paßte Ihnen glänzend, nicht wahr? Mit dem Mord in Colorado würden Sie nie in Verbindung gebracht werden, dachten Sie. An dem Tag, als Sie ihn umbrachten, färbten Sie Ihr Haar wieder in seinem natürlichen Ton. Der Zweck war, daß er Sie erkennen sollte, ehe Sie ihn erschossen. Die meisten Rachetäter brauchen diese Befriedigung. So konnten Sie auch ungehindert wieder abreisen. Sie waren als Blondine mit ihm gesehen worden – als sehr ins Auge fallende Blondine. Wollen Sie jetzt mit uns zum Polizeirevier kommen?«

Plötzlich sah sie sehr müde aus – so, wie jemand aussieht, der weiß, daß seine Sache verloren ist. Ich merkte, wie Joe aufatmete.

Sie ging zu einem Wandtischchen und zupfte eine Zigarette aus einem Päckchen, das dort lag. Dann suchte sie nach einem Streichholz. Ich langte in meine Tasche, aber noch ehe ich ihr mein Feuerzeug hinhalten konnte, hatte sie die Schublade des Tischchens geöffnet und eine .32er Automatic hervorgeholt.

Joe stieß ein häßliches Wort aus. Ich ließ das Feuerzeug fallen. Sie hielt die Pistole bemerkenswert ruhig auf uns gerichtet.

»Das ist die Strafe für männliche Überheblichkeit«, höhnte sie. »Wenn ich ein Mann wäre, hätten Sie besser aufgepaßt.«

»Sie können nicht beide von uns erschießen. Einer hat Sie vorher am Wickel«, sagte ich.

»Sie sollten mich nicht unterschätzen. Mein Vater hat mich gelehrt, wie man mit so einem Ding umgeht. Ein Mädchen muß imstande sein, sich zu verteidigen, sagte er immer.«

Joe wiederholte das unfeine Wort.

»Ich will Sie nicht erschießen«, sagte sie. »Ich will nur raus hier.«

»Aber wo wollen Sie denn hin?«

»Das überlassen Sie ruhig mir. So, und jetzt gehen Sie mal rüber zu Ihrem Freund.«

Ich stand auf und tat wie befohlen. Immer noch hielt sie die Waffe ganz ruhig. Jetzt griff sie mit der linken Hand hinter sich. zog eine weitere Schublade auf und holte eine Rolle dicke Hanfschnur hervor, wie man sie zum Verschnüren großer Pakete nimmt.

»Fesseln Sie sich gegenseitig an den Fußgelenken.« Sie warf uns die Schnur zu, die aber auf halbem Wege zu Boden fiel. Die Frau machte ein paar Schritte durchs Zimmer, um die Schnur mit der Schuhspitze herüberzuschieben. Sie war jetzt etwa eineinhalb Meter von uns entfernt, und Joe tat etwas sehr Gefährliches: Urplötzlich schlug er mit dem Fuß nach der Waffe in ihrer Rechten. Bei neun von zehn Frauen wäre ihm das wohl geglückt; diese hier hatte aber abgedrückt, ehe sein Fuß ihre Hand erreichte. Ich sah, wie Joe zu Boden stürzte, während die Pistole über ihre Schulter flog und neben dem Sofa landete. Wir machten beide gleichzeitig einen Satz darauf zu, aber die Frau hatte die Waffe an sich gerissen, ehe ich sie erwischen konnte. Ich packte sie mit beiden Händen am Handgelenk und drückte zu, so fest ich nur konnte. Sie lockerte alsbald ihren Griff, freilich nicht, ohne mich vorher in den Arm gebissen zu haben. Auch als sie die Pistole fallengelassen hatte, hörte sie nicht auf, mit Händen und Füßen nach mir zu schlagen, wobei sie mit dem Fuß einen recht guten Treffer an meinem Schienbein landete. Schließlich mußte ich sie mit beiden Armen von hinten umfangen, um mich zu schützen. Joe war mühsam wieder auf die Beine gekommen. »Wo hat sie dich getroffen?« fragte ich.

»Schulter. Nicht so schlimm.« Er preßte die Hand auf die Wunde. Seine Miene verriet, wie stark seine Schmerzen waren.

»Nimm deine Knarre«, sagte ich. »Ich kann sie nicht ewig so halten.«

»Ich dachte, das gefällt dir vielleicht«, sagte Joe und zog seinen Revolver.

Wie ich erwartet hatte, war die Frau im Revier nicht sehr mitteilsam, aber nach und nach holten wir die Geschichte aus ihr heraus. Sie entsprach im Wesentlichen meinen Vermutungen. Wenn jemals ein Mann bei seiner eigenen Ermordung Hilfe geleistet hatte, dann Claude Wingfield. Er hatte, nachdem es ihm gelungen war, ihre Bekanntschaft zu machen, den Skiurlaub vorgeschlagen und für alle möglichen Vorsichtsmaßnamen Sorge getragen. Er hatte irgendeine verrückte Vorstellung, daß seine Frau ihn überwachen ließ, um Material für eine kostspielige Scheidung in die Hand zu bekommen.

Am Tag des Mordes blieb sie unter dem Vorwand, sehr müde zu sein, im Hotel. Als er Skifahren gegangen war, hatte sie ihr Haar wieder brünett gefärbt. Dann verließ sie ihrerseits das Hotel und fand ihn auf der Piste. Der Schneefall erwies sich als günstig für sie; freilich hätte sie Wingfield in jedem Fall an irgendeiner abgelegenen Stelle erschossen.

Während sie noch stockend berichtete, rief Joe bei Hewitt an und meldete ihm, daß sein Mordfall geklärt sei.

Am nächsten Tag saß ich am Steuer, weil Joe wegen seiner Schulterverletzung nicht fahren konnte.

»Wann kamst du auf die Idee, daß es die Brünette gewesen sein könnte?« fragte er.

»An diesem Abend in der Bar. Manche Mörder sind wie Leute mit einer verschorften, juckenden Wunde – sie können sie nicht in Ruhe lassen. Die Frau mußte ein paar Worte mit dem Mann reden, der ihr Opfer gefunden hatte. Aber so richtig schöpfte ich erst nach meinem Besuch bei Mrs. Losser Verdacht. Als sich diese Spur als falsch herausstellte, fing ich in Gedanken noch einmal ganz von vorn an und kam darauf, daß die von Wingfield aufgedeckten Skandale eine Rolle gespielt haben könnten. Ein Anruf bei Mrs. Wingfield ergab, daß der Politiker, der Selbstmord begangen hatte, eine Tochter hatte, die etwa im richtigen Alter war. Im Fotoarchiv der Zeitung stellte ich fest, daß diese Tochter unsere Brünette aus Colorado war. Jetzt brauchte ich nur noch ein wenig im Telefonbuch zu suchen.«

»Bloß schade, daß du den Treffer nicht zu Hause gelandet hast«, sagte Joe.

»Vielleicht legt Hewitt ein gutes Wort für uns ein«, erwiderte ich. »In einer Hinsicht hatte die Sache ja auch ein glückliches Ende.«

»Wieso?«

»Mrs. Wingfield kann das Geld ihres Mannes behalten, ohne ihn selber behalten zu müssen.«

Originaltitel: WHITEOUT. 3/81
Übersetzt von Dolf Strasser

Jeffry Scott

Hokus Pokus

Die Apparatur war nicht mit Vernunft ausgestattet – ein Idiot sozusagen. Dennoch war sie sehr clever.

Die Kamera begann zu arbeiten, sobald jemand den Juwelierladen betrat. Dann fing sie an, mit der sklavischen Regelmäßigkeit eines Pendels ganz langsam nach links und nach rechts zu schwenken. Sie bestrich ein weites Feld von Wand zu Wand – auch den Bereich, wo ein weniger versnobtes Etablissement eine Verkaufstheke gehabt hätte.

An einer kardanischen Aufhängung oberhalb einer kaum erkennbaren Tür an der hinteren Wand des Ladens montiert, nahm der Apparat Bilder auf. Es handelte sich nicht um eine Aufzeichnung mit normaler Geschwindigkeit, sondern um rasch aufeinanderfolgende Einzelaufnahmen; so ließ sich Magnetband sparen, und das mühsame Auswechseln der Kassetten erübrigte sich. Nach einer Aufzeichnung von fünfundfünzig Sekunden , der zwei weitere kurze Sequenzen von zehn und fünf Sekunden Dauer folgten, stoppte die Kamera und wartete auf den nächsten Kunden – oder die nächste Person, die eintrat: Postbote, Polizist oder Mitglied des Personals. Der Apparat kannte da keinen Unterschied.

Die Tür im Hintergrund führte zu dem Raum, den man in diesem Laden etwas anmaßend die »Schatzkammer« nannte. In Wirklichkeit war es nur ein von dicken Natursteinmauern umgebenes Gelaß mit einer an Gefängnispforten erinnernden Tür aus gehärtetem Stahl, die sich hinter der äußeren, gewissermaßen kosmetischen Tür verbarg. In die Kammer waren stählerne Boxen eingebaut, die den größten Teil der Preziosen enthielten.

Natürlich gab es Möglichkeiten, dem Auge der Kamera zu entgehen. Ein Räuber konnte am Ladeneingang stehenbleiben und so vermeiden, daß er von der Kamera erfaßt wurde. Wenn er sechs Meter lange Arme hatte, ging das.

Der Eindringling konnte auch eine Maske tragen. Ein guter Leichtathlet war vielleicht imstande, über die breite, harmlos aussehende Matte am Eingang hinwegzuspringen. Der Haken war nur, das maskierte oder weitspringende Kunden hier auffallend wirkten, ein Umstand, der es durchaus wahrscheinlich gemacht hätte, daß sie einer sich in entgegengesetzter Richtung bewegenden Kugel begegnet wären. Denn wenngleich der Juwelier jetzt ein bewegungsarmes Leben führte, so war er doch ein ehemaliges Mitglied des U. S.-Marinecorps und hatte einen Colt vom Modell 1911a1 Automatic in einem Federclip unter dem spindelbeinigen alten Sekretär versteckt, der hier als Ladentisch diente.

Es gab noch eine andere Methode, die sich, als Überwachungskameras bei Geschäftsleuten Verbreitung fanden, unter Nichtsportlern nennenswerter Beliebtheit erfreute. Man blendete den Apparat einfach mit einer geschickt plazierten Papiertüte, unter Anwendung eines Baseballschlägers oder mit Hilfe von Schußwaffen. Anzuraten war der Versuch allerdings nicht.

Machte die Kamera in Momenten, wo sie das hätte tun sollen, aus irgendeinem Grund keine Bilder, wurde in der unweit gelegenen Polizeizentrale Alarm ausgelöst. Versagte dieser Alarm, schaltete sich automatisch ein Ersatzstromkreis ein. Ein dritter war dann noch in Reserve.

Die Folge war, daß jemand, der sich eines Überfalls unterfing und glaubte, die Kamera neutralisieren zu können, genau jene Kette von Ereignissen auslöste, die er am allerwenigsten herbeiwünschte.

Plötzlich und kurz flatterte verzweifelt ein wilder Vogel und suchte Freiheit aus dem Käfig in Bert Macraes Brust. Ohne des Aufruhrs zu achten, konzentrierte sich Bert auf den Mann, der ihm aus einer unappetitlichen, von einer leuchtenden Umrahmung gesäumten Ovalglasscheibe entgegenstarrte.

Er war ein kleiner, schmächtiger Mann, der zum namenlosen Mitläufer wie geboren schien. Die Zeit war gnädig zu ihm gewesen und hatte die fast groteske, wenn auch irgendwie freundliche Häßlichkeit seiner jüngeren Tage in eine gewisse Würde verwandelt. Der Sproß eines Kohlereviers, hätte man glauben können – zurecht, obwohl er den Gruben entgangen war – reif für die Ruhe nach einem Leben voll schwerer Arbeit.

Der Anblick des anderen Gesichts ernüchterte Mac. Kein Zweifel, der Mann verbarg hinter seiner ausdruckslosen Pokermiene

Geheimnisse. »Verdammt nochmal, das ist ein Verbrecher«, flüsterte Mac beeindruckt.

Dann schaltete er die Beleuchtung des Rasierspiegels aus und trat aus dem Bad in sein billiges Hotelzimmer.

Eine unverhältnismäßig groß erscheinende Hand kratzte an Macs Kinn. Er starrte zu der Ledertasche auf dem ungemachten Bett hinüber – ein langgedientes Gepäckstück, wie es aussah, vielleicht das Vermächtnis eines Vorfahren, der Schlagzeuger gewesen war. Er war glanzlos und rissig und dem Ende seiner harten Tage nahe; seine Farbe glich der von trockenem Staub.

Mac nahm die Tasche und ging zur Probe damit im Zimmer herum, die rechte Schulter unter dem Gewicht etwas nach unten gezogen. Er setzte sie wieder ab, überprüfte grundlos noch einmal die Glätte seiner Rasur. »Vielleicht«, sagte er laut. Wenn er jetzt nichts unternahm, würde er bei Anbruch der Dämmerung immer noch qualvoll hier festkleben und genauso am nächsten Tag, wenn es Zeit war, das Zimmer zu räumen. Der Gedanke versetzte ihm einen solchen Stich, daß er sich aufraffte und die Treppe hinunterging.

Der Portier war gesprächig – Mac hatte ihn sich gezogen, als er am Nachmittag zuvor das Zimmer genommen hatte – und sie alberten mindestens fünf Minuten herum. Die Tasche hatte er offenbar zurückgelassen, denn Mac trug jetzt einen schäbig-anonymen Regenmantel über dem Arm und fuchtelte mit einer Chicagoer Zeitung vom Vortag herum, um bei ihrem freundschaftlichen Rededuell bestimmten Punkten besonderen Nachdruck zu geben.

Draußen auf der Straße murmelte er: »Ich muß verrückt sein.« Er verzog das Gesicht zu einem Grinsen, froh, daß ihn niemand gehört hatte. Noch nie hatte er mit sich selbst gesprochen.

Andererseits: Er hatte auch noch nie vorgehabt, sich eine Viertelmillion Dollar unter den Nagel zu reißen.

Sie waren die unwahrscheinlichsten Kumpel, die man sich vorstellen kann: Bert Macrae, Waisenhaus- und Berufsschul-Absolvent, der schließlich davongelaufen war, um zur See zu fahren und für den größten Teil seines restlichen Arbeitslebens dabei geblieben war – und Ralph D. Priddie II, einstmals Angehöriger der jeunesse doré, der freilich nicht mehr ganz so starken Eindruck machte wie einst.

Ralph stammte aus guter Familie, hatte eine Privatschule und die Harvard-Universität besucht. Natürlich würde er eines Tages das Geschäft seines Vaters erben und hatte auch die entsprechende Aura. Arrogant war er nicht, aber wenn man ihn und Mac in identische dunkle Anzüge steckte und neben einer Limousine aufstellen ließ, auf deren Kühlerhaube eine Chauffeurmütze lag, so hätte jeder sofort gewußt, wer von beiden die Mütze aufsetzen und fahren würde.

Eine kleine Aktion der Vereinten Nationen, auch als »Korea-Krieg« bekannt geworden, brachte sie zusammen. Ralph Priddie war auf Urlaub in Tokio. Ziemlich beduselt, hatte er sich auf der Suche nach einem Geisha-Haus in obskuren Seitenstraßen verirrt, als Mac aus einem vielversprechenden Hauseingang kam.

»Nein«, sagte Mac mit einem Blinzeln, das seinem sarkastischen Ton das Aggressive nahm, »gehen Sie da nicht rein, Leutnant. Außer Sie wollen ’nen Intensivkurs im Papierfalten mitmachen.«

Ralphs Neugier war geweckt. Mac erklärte ihm, daß manche Japaner – wie der alte Knabe, der hinter dieser Tür lebte – aus einem Stück Papier alles nur Erdenkliche falten konnten, von Vögeln mit flatternden Flügeln bis zu Gefäßen, die absolut dicht waren und in denen man sogar Wasser erhitzen konnte.

Bald landeten sie in einer Bar. Mac ließ ein Fünf-Cent-Stück über seine geschulten Knöchel wandern, als hätte es eigenes Leben und eigenen Willen, bevor er es verschwinden ließ und aus dem Ohr des jungen Marinesoldaten wieder hervorzauberte. Magie, Zauberei – daran hatte Ralph Priddie immer kindliche Freude gefunden.

Er vergaß die Geishas, bewunderte, fragte. Mac sprach viel, und Ralph hörte zu – nicht die normale Verhaltensweise der beiden Männer. Es wurde ein sehr gelungener Abend. Wie es Reisende tun, tauschten sie ihre Adressen aus und gelobten, einander aufzusuchen.

Auf Geschäftsreise in Holland, fiel Ralph Priddie fünf Jahre später ein irgendwie vertrautes Profil ins Auge. Mac führte Kartentricks vor. Als die Nacht dem Ende zuging, warf er Blitzkarikaturen des Besitzers und einiger Stammgäste auf das Papier. Die Drinks kosteten Mac und seinen Kumpel nicht einen Cent. Ralph, der ohne weiteres die Rechnung für die ganze Gesellschaft hätte bezahlen können, fand, daß ihm noch selten so Gutes widerfahren war. Danach richtete er es so ein, daß er dann und wann in Städten zu tun hatte, von denen er wußte, daß Mac dort weilte. Sie trafen sich etwa einmal im Jahr, verpassten sich nie und waren immer von neuem überrascht, wie schön es doch war, wieder zusammen zu sein.

Ralph erwog oft, Mac zu einem Besuch einzuladen, verwarf den Gedanken aber jedesmal wieder. Es gab jetzt eine Mrs. Ralph Priddie II, und mit Charlene war es nicht einfach. Ralph schämte sich seines Kumpels nicht im geringsten, aber Mac hatte doch etwas von einem Naturburschen. In Ralph sträubte sich etwas bei dem Gedanken, daß Mac von Charlene und ihren Freunden vielleicht gönnerhaft würde behandelt werden.

Es gab noch einen weiteren Faktor. Tyville war ein relativ großer Ort, aber Ralph hätte genauso gut in einem Dorf leben können. Abgesehen von geschäftlichen Kontakten hatte er immer nur mit den gleichen zehn Dutzend Leuten Umgang, mit den einen im Country Club, mit den anderen auf der Grundlage von Besuch und Gegeneinladung.

Diese Leute wußten alles über ihn, oder sie glaubten das jedenfalls, was ebenso schlimm war. Sie gossen Ralph seinen Drink ein, ehe er darum bat, und kannten Marke, Modell und Farbe seines neuen Wagens, kaum daß er beim Händler unterschrieben hatte.

Für Ralph waren sein Freund und ihre gelegentlichen gemeinsamen Eskapaden eine Quelle des Trostes. Schließlich lud er Mac doch ein, nach Tyville zu kommen.

Mac schlenderte den Monument Boulevard hinunter, und sogar sein Gang war eine Enttäuschung. Er sandte eine Botschaft aus: Hier war ein harmloser, alter Kerl, der keinerlei Aufmerksamkeit verdiente. Das Gewimmel der Morgenstunden hatte sich gelegt, doch es war noch zu früh, als daß Büroangestellte schon unterwegs gewesen wären, um Kaffee zu holen oder frische Luft zu schnappen. Für ein paar Minuten hatte Mac den Gehsteig für sich.

Der Monument Boulevard war eine gute und eine schlechte Straße zugleich. Ein Seitengäßchen – ein übelriechender Graben aus Beton und Ziegeln, der an dem Juwelierladen entlanglief – markierte eine Grenze, die fast ebenso einschneidend war wie die Berliner Mauer. Auf der einen Seite waren Gediegenheit und hohe Mieten; auf der anderen Seite große, billige Läden mit Ausverkäufen oder einem ständigen Schund-Angebot. Eine einzige Ziffer, die jeder in Tyville kannte, bezeichnete den Unterschied zwischen einer »guten Adresse« und einer, wo man sehr vorsichtig war und vor der Annahme von Schecks bei den Banken anrief.

Mac ging an der fensterlosen Ziegelmasse der Rückfront der Farmers & Ranchers Bank vorbei, deren Vorderseite an der Division Street lag. Dann kam ein neues Bürogebäude, das so wenig hierher paßte wie die Zahnkrone eines Hollywooder Stardentisten in ein Gebiß aus der viktorianischen Zeit. Es ließ den Juwelierladen winzig erscheinen, dessen absichtsvoll altmodisch gestaltete Fassade – ein Geschäft, das sich als Stadthaus der Jahrhundertwende ausgab – den Unterschied noch betonte.

An der Ecke des Juwelierladens, wo die Seitengasse in die Hauptstraße mündete, hatte ein einbeiniger Mann einen Zeitungsstand. Aus fünfzehn Metern Entfernung winkte Mac, unweit des Ladeneingangs stehend, dem Mann mit seiner Zeitung zu. In diesem Augenblick rollte ein großer Sattelschlepper mit dröhnendem Motor und zischenden Luftbremsen an die Kreuzung heran. Mit einem Spielraum von zwei, drei Minuten kam er immer um diese Zeit.

Mac beschleunigte seinen Schritt, als wolle er noch vor dem Lastwagen die Seitenstraße überqueren, blieb aber dann stehen, als das Fahrzeug von neuem anfuhr. Mac schneuzte sich heftig, wie es ältere Männer manchmal tun. Als er das Taschentuch wieder einsteckte, war er nicht mehr glattrasiert, sondern hatte einen schmalen, schwarzen Oberlippenbart. Auf seiner Wange schimmerte ein fahles Furunkel.

Der Juwelierladen hatte eine doppelte Eingangstür. Die hölzerne stand während der Geschäftsstunden offen. Dahinter kam eine weitere aus Rauchglas. Die Bodenmatte zwischen den beiden war der Auslöser für die Überwachungskamera.

Mac trat ein, den Fuß knapp vor die Matte setzend. Für einen Passanten war er jetzt nur noch sichtbar, wenn sich dieser genau vor oder gegenüber dem Eingang befand. Aber es gab keinen Passanten. Andernfalls hätte sich Mac nämlich nicht dorthin begeben, wo er jetzt war. Den Rücken der gläsernen Tür zugekehrt, legte er den Regenmantel auf seinen linken Arm, und zwar in die Armbeuge, damit er beide Hände frei hatte.

Er tat, was er jetzt tun mußte, in fünf Sekunden – Sekundenbruchteile schneller als bei früheren Proben. Dann drehte er sich um und trat ein. Sein linker Absatz drückte fest auf den Fußabstreifer. Die Kamera schaltete sich ein und begann langsam ihr Zyklopenhaupt zu schwenken.

Ralph Priddie war entzückt gewesen, als Charlene eine ihrer Routinetiraden mit der interessanten Nachricht gekrönt hatte, sie gedenke, sich von ihm scheiden zu lassen. Bei der ersten Unterredung mit seinem Anwalt erlitt Ralphs Euphorie freilich einen empfindlichen Dämpfer.

Der Umfang der ihm erwachsenden Verpflichtungen sowie die Höhe der Anwalts- und Gerichtskosten entsetzten ihn. Dennoch, wenn er ein paar Jahre später überhaupt Lust gehabt hätte, sich zurückzuerinnern, hätte er in dieser Epoche die »gute alte Zeit« gesehen. Denn jetzt gab es eine Wirtschaftsrezession, und Ralphs Geschäft war nicht davon ausgenommen.

Nick Guidon, Charlenes Bruder, erwies sich als große Hilfe. Nick hatte sich nie auf die Seite seiner Schwester geschlagen, und er und Ralph spielten immer noch Gol mit einander. Ralph vertraute ihm seine Sorgen an, und Nick pfiff leise und mitfühlend durch die Zähne, ehe sich seine Miene aufhellte. »Ich hab 'n bißchen was auf der Seite, mein Junge. Ich helfe dir über den toten Punkt.«

Es war natürlich ein ganz normaler Kredit – anders hätte es Ralph gar nicht haben wollen. Aber so dankbar er auch war, Ralph sagte sich insgeheim, daß er das Geld am liebsten gar nicht in Anspruch genommen hätte. Nick Guidon war sein Schwager – Ex-Schwager – und er lachte und alberte viel herum. Aber der Grund, daß er Geld zum Ausleihen hatte, mußte in seiner Gerissenheit liegen.

Ein Vertrag wurde aufgesetzt. Ralph würde den Kredit aus seinen Gewinnen zurückzahlen. Das mußte er – sein Kapital gehörte jetzt Charlene. Wenn er aus irgendeinem Grunde in Zahlungsverzug geriet, würde Nick nichts verlieren. Verschiedene Termine wurden festgelegt, nach deren Verstreichen Nick statt Geld Anteile an

Ralphs Geschäft erhalten sollte – mit gewissen Steigerungsraten. Guidon schlug vor, daß Ralph Bess Uhlmstrang, die zu seinen Schützlingen gehörte, einstellen sollte. Bess war attraktiv, schlau und begierig darauf, das Geschäft von innen kennenzulernen.

Ralph hatte nichts gegen Bess Uhlmstrang, denn er hatte sie noch niemals gesehen. Allerdings gab er Nick zu bedenken, daß er bereits einen Assistenten hatte, nämlich Jerry Ffiefer. Seit dem Tod von Ralphs Vater hatte Jerry für ihn gearbeitet, und Kinder hatte er auch.

»Niemals würde ich dir etwas aufzwingen«, versicherte Nick großzügig. Dann machte er klar, was er meinte: »Verdammt, Ralphie, du mußt dir das Geld nicht von mir borgen.«

Ffiefer konnte also seine Sachen packen.

Und noch etwas, meinte Nick. Ralph hatte immer mit dem Buchhalter zusammengearbeitet, dessen Dienste schon sein Vater in Anspruch genommen hatte und der sein Büro im Feed & Commerce Building auf der anderen Seite der Straße hatte. Nick wollte seinem eigenen Buchhalter, dem jungen dynamischen Steve Gardiner, einen Gefallen tun. So ließ nun Ralph seine Bücher von Steve führen, der offenbar immer so viel zu tun hatte, daß er ihm nicht in die Augen sehen konnte.

Ralph Priddie war ein versierter Einkäufer und ein fast ebenso guter Verkäufer, doch machte ihn das noch nicht zu einem wirklich guten Allround-Geschäftsmann. Unfähig, mit den Vertracktheiten eines Hauptbuches zurecht zu kommen, argwöhnte er wohl, was für ein Spiel man da mit ihm spielte, ohne es aber beweisen zu können.

Die Gewinne gingen zurück, obwohl die Zahl seiner Verkäufe kaum abgenommen hatte. Aus Gründen, die er ahnte, doch nicht verstand, stiegen die laufenden Kosten gewaltig. Drei Jahre später gehörte Nick Guidon fast das ganze Geschäft, und Ralph war faktisch sein Angestellter. Legal war das schon, dachte Ralph, aber nicht richtig. Für eine lächerliche Summe hatte Nick ein gesundes, in Tyville seit zwei Generationen angesehenes Geschäft gekauft. Je länger Ralph darüber nachdachte, desto weniger sah er in Nick einen Samariter und desto mehr einen gerissenen, alle Schlupflöcher des Gesetzes ausnützenden Räuber. Und umso wütender wurde er.

Das Treffen, das Mac zum ersten und letzten Mal nach Tyville bringen sollte, fand in Chicago statt. Etwa drei Jahre lang hatten sich die beiden nicht mehr gesehen.

Mac war für immer an Land gegangen und lebte mit seiner verwitweten Stiefschwester zusammen. Ralph stöberte ihn in einer Pension auf. »Wir haben kein Glück gehabt, Minnie und ich«, erklärte Mac. »Aber hier ist es nicht gar so übel.«

Die beiden Freunde waren unruhig, betreten. Insgeheim waren sie schockiert darüber, wie er jeweils andere sich verändert hatte, und das tat weh.

Das Tauwetter folgte jedoch bald, als Ralph seinen Plan darlegte: Er wollte sich seine kostbare Beute schnappen, ohne daß ihm irgend jemand etwas beweisen konnte.

»Aber zuerst brauche ich einen Paß«, sagte er. »Ich kann das Zeug in Europa verkaufen, aber die Polizei wird Häfen und Flugplätze überwachen – da kann ich erwischt werden, selbst wenn ich Monate warte. Ich muß unter einem anderen Namen reisen.«

»Warte hier.« Sie saßen in einer Imbißbude unweit von Macs trauriger Ex-Militärbaracke und tranken etwas, was auf der Karte als Kaffee aufgeführt war.

Innerhalb von zehn Minuten kam er zurück und steckte Ralph unter dem Tisch einen Paß zu.

Der wirkliche Besitzer war überall herumgekommen, wenn auch nicht erster Klasse. Der Paß hatte Eselsohren und roch schwach nach Dieselöl oder Schlimmerem, und manche Seiten waren mit Schweißtropfen und Ringen von daraufgestellten Biergläsern verziert. Der echte Besitzer hatte Hängebacken und gelichtetes Haar und war offenkundig nicht allzu helle. Immerhin, es hätte ein ziemlich wenig ähnliches und ganz und gar unschmeichelhaftes Porträt von Ralph sein können.

»Das ist mein Zimmergenosse«, sagte Mac. »Daß der Paß weg ist, merkt der nie. Der tut sich schon schwer genug, wenn er wissen soll, was für ein Tag ist.«

Den Dank seines Kumpels abwehrend, fuhr er fort: »Hast du dir das auch genau überlegt? Stell dir vor, du drehst das Ding, und die Polente findet hernach das Zeug? Du wirst es verstecken und lange stillhalten müssen, Ralph. Und die Kerle stöbern an Stellen rum, wo du's niemals geglaubt hättest. Zwei zu eins, daß sie dich schnappen.«

»Versuch nicht, mir das auszureden. Die Sache startet, sobald ich jemand habe, auf den ich mich absolut verlassen kann.«

Nach einem Augenblick der Verwunderung schien Mac verschnupft zu sein. »Na, den hast du doch vor dir. Hättest du dir denn irgend 'nen Strolch holen wollen, der dich bescheißt und erpreßt und zum Schluß auch noch an die Polizei verkauft?«

»Nein, Mac, ich kann dich da nicht mit reinziehen. Es könnte trotz allem sein, daß du auffliegst.«

Mac antwortete nicht. Er hatte die Sätze gar nicht gehört. Er blies in seinen kalten, schwarzen Kaffee und starrte mit gerunzelter Stirn auf die winzigen Wellen. Dann sah er, immer noch wie abwesend, hoch und sagte: »Vielleicht ist es das, was wir brauchen – daß ich geschnappt werde. Noch etwas, Ralph: Warum willst du es auf die Weise machen, auf die die Bullen trainiert sind? Ich meine, erst klaust du das Zeug, und dann suchst du 'nen Hehler, nicht wahr?«

Ralph zuckte ein wenig zusammen. Sein alter Freund in Antwerpen hätte es nicht goutiert, ein Hehler genannt zu werden.

»Hm?« brummte er.

Und Mac legte ihm dar, wie es seiner unmaßgeblichen Ansicht nach gehen sollte. Lange bevor er geendet hatte, lachte Ralph schon leise in sich hinein.

Das Juweliergeschäft sah geräumiger aus, als es war, denn es hatte keine der üblichen Ladentheken oder Schaukästen. Der alte Schreibtisch und ein paar bequeme Ledersessel waren wie Inseln auf dem moosgrünen Teppich.

Hier harrte man nicht der Laufkundschaft. Man wartete nicht darauf, daß ein verlegenes Teenager-Paar einem plötzlichen Impulse folgend Verlobungsringe erwarb. Man ging hinein, setzte sich und konversierte über schöne oder zumindest kostspielige Dinge, die der Juwelier und seine Helfer in gediegener Würde zur Ansicht vorlegten.

Bess Uhlmstrang hatte Besitz von dem alten Schreibtisch ergriffen, der einst Ralph gehört hatte. Ihr Haar strahlte in natürlichem Blond; ihre fleischlichen Accessoires waren von höchster Vollendung, und ein Volkswirtschaftsdiplom hatte sie auch. Und sie konnte es kaum erwarten, jeden Tag von Rechts wegen an diesem Schreibtisch zu sitzen.

Als Mac hereinkam, runzelte sie die Stirn; sie sah in ihm einen älteren Bürger, dessen Kaufkraft etwa dem entsprechen mußte, was sie für Strumpfhosen und Kosmetik ausgab. Er hielt sich etwas zur Seite gebeugt. In der linken Hand trug er eine kleine lederne Tasche, über denselben Arm gelegt einen schäbigen Regenmantel. Er stellte die Tasche ab und fuhr sich mit dem Handrücken über die Stirn. Kalt wandte Miss Uhlmstrang den Blick ab; vermutlich würde er nach irgendeiner Adresse fragen oder um ein Glas Wasser bitten oder . . .

Sie kreischte auf und fiel vom Stuhl. Irgend etwas – eine riesige Fledermaus, die Ausgeburt eines Alptraums, ein Grüner vom Mars, der sich ursprünglich materialisiert hatte – flog durch die Luft. Wie ein Matador hatte Mac den Regenmantel hochgeworfen, der jetzt wie ein Vorhang über der Linse der Kamera hing. Als Bess Uhlmstrang begriff, hatte Mac eine Pistole auf sie gerichtet.

»Okay, Miss, das ist ein Überfall«, sagte er in phlegmatischem Tonfall. Mac war ein ganz ordentlicher Schauspieler; Miss Uhlmstrang hörte einen schwedischen Deckoffizier, der schon etliche Atlantiküberquerungen bis zur Endlosigkeit verlangweilert hatte. Was ihr auffiel, war der böse Blick, das Bärtchen, das Furunkel.

Und die Pistole.

Leise vor sich hinsummend, kam Ralph aus dem Tresorraum. Es war Dienstag morgen, und da gab es wenig zu tun. Abrupt blieb er stehen.

»Laß die Tür offen, Dicker.« Rasch schritt Mac an Bess Uhlmstrang und ihrem Schreibtisch vorbei und hielt ihm die Ledertasche hin. »Geh rein und mach sie ganz voll. Sonst seid ihr beide tot.«

Bess schrie schrill, die Hände gegen die Ohren gepreßt. Sie konnte den Anblick der Pistole nicht mehr ertragen. Von nebenan hörte sie, wie metallene Schubladen hastig geöffnet und geräuschvoll entleert wurden.

Dann hastete Mac wieder an ihr vorbei. Die nun sichtlich schwere Ledertasche behinderte ihn. Mutig oder verrückt – Bess schloß die Augen – sprang Ralph den Räuber an, und die beiden stürzten polternd zu Boden und rangen und fluchten.

Mac hob die Hand mit der großen Pistole und ließ sie heruntersausen. Ralph stöhnte auf. Etwas Metallisches flog scheppernd unter den Schreibtisch und ließ ihn erzittern. Bess Uhlmstrang kreischte hysterisch.

Undeutlich nahm sie wahr, wie der Übeltäter sich hochrappelte, wobei sein Schnurrbart sich krümmte wie eine Raupe. Mit wildem Keuchen riß er die Ledertasche an sich. Die Rauchglastür machte *wumm-wumm.* Miss Uhlmstrang sah noch, wie er in dem kleinen Windfang über die eigenen Füße stolperte und fast das Gleichgewicht verloren hätte, ehe er seine Bewegungen wieder stabilisierte und das Weite gewann.

Nur einen Augenblick später, so glaubte sie wenigstens, hörte sie Bremsen quietschen, und Polizisten stürmten herein. »Da rüber ist er gelaufen – links, nach links!« schrie Bess Uhlmstrang. »Schnell! Er kann noch nicht weit sein – den kriegen Sie noch!«

Vor dem Lärm und dem Auspuffgestank des Lastwagens zurückweichend, hatte sich der einbeinige Mann auf seinen Hocker gesetzt; der Sattelschlepper hatte fast eine halbe Minute gebraucht, um, ohne anzuecken, aus der Seitengasse zu kommen. Als jemand mit einer Münze auf den Verkaufstisch klopfte, fuhr der Mann hoch.

Mac grinste ihn an. »Wo geht's zur Division Street, Freund?«

Der Zeitungshändler verzog das Gesicht. »Ich verkaufe Stadtpläne, Mister. Wollen Sie einen haben?«

Mac schlug sich mit der zusammengerollten Zeitung gegen die Handfläche und spuckte aus. »Sie können mich mal.« Er sah sich um und entschied sich dafür, die Seitengasse zu nehmen.

»Sie mich auch!« rief ihm der Zeitungsverkäufer nach.

Mac hatte sechs Schritte in die Gasse hinein gemacht, ehe er, ohne stehenzubleiben, tat, was nun zu tun war. Der Durchgang, stellte er fest, war schandbar verwahrlost. Bei aller Vorsicht konnte man nicht vermeiden, auf Unrat zu treten. Leere Getränkedosen und fettige weiße Kartons, die einmal Pizzas enthalten hatten, lagen überall herum. In der Division Street am anderen Ende der Gasse gab es ein Kino und eine Pizzeria. Abends kamen die Leute auf dem Weg zu ihren Autos oder zur Bushaltestelle hier durch, aßen und tranken und warfen die Abfälle weg.

Mac schluckte nervös. Einer plötzlichen Anwandlung folgend,

hatte er das falsche Bärtchen zu einer faserigen Rolle gedreht und, gefolgt von dem Klebefurunkel, hinuntergewürgt. Jetzt tat ihm der Hals weh.

Noch ein paar Schritte, dann sah er an beiden Enden der Gasse Streifenwagen mit Blaulicht halten. Uniformierte sprangen heraus, die Revolver gezogen. »Halt! Keine Bewegung!«

Resigniert stützte sich Mac gegen eine schmutzige Hauswand. Eine feste, gebieterische Stimme befahl: »Philipps, Quaid – nehmt ihn mit. Ihr andern sperrt beide Enden der Gasse ab, bis Farmer kommt. Niemand darf rein, niemand raus, bis er da ist!«

Genau das war es, was Mac hatte hören wollen.

Leutnant Farmer hatte hohen Blutdruck und eine wenig erfreuliche Haut. Unter Streß sah sein Gesicht aus, als hätte es jemand hastig aus einem Block Corned Beef geschnitten.

Und genauso fühlte er sich jetzt auch. Fast achtundvierzig Stunden nach der Verschwörung zwischen Bertram Macrae und Ralph Priddie II – einem Komplott, das Leutnant Farmer erahnte und argwöhnte, ohne konkrete Beweise zu haben – ging es ihm gar nicht gut.

Bess Uhlmstrang erklärte, mit Mac konfrontiert, der Räuber habe kein bißchen so ausgesehen wie er. Der Mann hatte böse Augen – *natürlich* wußte sie die Farbe nicht – *nein,* sie erinnerte sich nicht an seine Kleidung. Aber er hatte ein Bärtchen gehabt und im Gesicht ein Furunkel. Und er war größer gewesen, gefährlicher.

Auch für Priddie kam Mac nicht in Frage. Der Räuber, behauptete Priddie, trug einen grauen Anzug mit grauem Hemd und dunkler Krawatte. Mac trug zu schwarzen Hosen ein braunes Sportsakko.

Wie Priddie war sich Miss Uhlmstrang gewiß, daß der Übeltäter eine Pistole und eine alte Ledertasche gehabt hatte.

Der Portier im Hotel hatte Mac beobachtet, wie er gegangen war, und versicherte, daß er keine solche Ledertasche bei sich gehabt hatte.

Der Zeitungshändler bezeugte, Mac kurz vor dem Überfall auf der Straße gesehen zu haben, konnte aber nicht sagen, ob er in den Juwelierladen gegangen war. Mac war glattrasiert und ohne Entzündungen im Gesicht und hatte keine Ledertasche, nur einen Regenmantel über dem Arm und eine Zeitung. Der Mann erinnerte sich an die Zeitung, denn sie bedeutete, daß der Passant keine kaufen würde.

Und ja, etwas später – nicht sehr viel, er konnte nicht genau sagen, wie lange danach – hatte der Kerl ihn schwach angeredet, und sie hatten gewissermaßen Komplimente getauscht. Von ihrem Wortgefecht bis zu dem Moment, wo er in die Gasse gegangen war und verhaftet wurde, waren nur Augenblicke vergangen. Nein, so weit er gesehen hatte, hatte er immer noch keine Ledertasche getragen.

Leutnant Farmer brütete über dem Gedanken, daß Mac in die Gasse gegangen war und alle möglichen Dinge einfach hatte verschwinden lassen.

Auf dem Monument Boulevard konnte er sich ihrer nicht entledigt haben, sonst wäre er von dem Zeitungsverkäufer und vorbeikommenden Autofahrern dabei beobachtet worden. Es mußte also im Durchgang geschehen sein.

Es fehlten Schmuck im Wert von etwa 250000 Dollar, eine Pistole, eine Ledertasche mit Inhalt – sämtliche Beweismittel, die Mac der Untat hätten überführen müssen. Farmers Männer hatten die Gasse mehrmals durchsucht; außerdem hatten sie Mac so schnell am Wickel gehabt, daß er keine Chance gehabt hatte, die Sachen einem Komplizen zu übergeben. Und trotzdem war nicht das Geringste zu finden.

Farmer war mitnichten ein Dummkopf. An Zauberei glaubte er nicht. Die Sachen mußten da sein und waren es dennoch nicht, und jedesmal, wenn er sich diesen paradoxen Sachverhalt überlegte, schoß ihm ein stechender Schmerz durchs übermüdete Hirn.

Was die Waffe betraf, so konnte er sich noch eine Erklärung vorstellen. Sie war nicht verschwunden, sondern ganz einfach an Ort und Stelle geblieben. Es war Priddies Pistole, ausgeliehen an Mac und dann wieder an ihrem Aufbewahrungsort unter dem Schreibtisch deponiert während eines, wie Farmer gewettet hätte, fingierten Kampfes.

Ebenso einfach war die Sache mit dem Bärtchen und Miss Uhlmstrangs Weigerung, Macrae zu identifizieren. Zeugen können sich täuschen – ein falscher Bart und andere Theaterutensilien hatten sie genarrt, wobei ihr in ihrer Angst die Gestalt des Räubers viel größer und breiter erschienen war.

Unter anderen Begleitumständen hätte Farmer auch eine Erklärung dafür gehabt, daß die Ledertasche und ihr Inhalt in einem Loch in der vierten Dimension verschwunden wären oder sonst wo. Priddie und Macrae mußten die ganze verdammte Geschichte ausgeheckt haben.

Aber in gewisser Weise war Bess Uhlmstrang eine sehr zuverlässige Zeugin. Sie verabscheute Priddie und empfand nichts als Verachtung für ihn. Farmer war sich gewiß, daß sie nicht zu den Übeltätern gehörte. Wenn sie so sicher war, daß der Räuber mit einer bis obenhin vollgefüllten Tasche geflohen war, dann mußte genau das passiert sein. Frustrierend.

Mac war inzwischen über seine Rechte informiert worden und hatte auf die Dienste eines Anwalts, selbst unentgeltliche, verzichtet. Keck trug er Spruchweisheit vor: »Ein gutes Gewissen ist ein sanftes Ruhekissen.«

Er blieb in Gewahrsam – als Zeuge. Leutnant Farmer drohte ihm, bluffte. Er versuchte es mit allen Mitteln bis fast hin zum Exorzismus – ohne Erfolg. Augenscheinlich erfreut, an einer so aufregenden Affäre beteiligt zu sein, spulte Mac stur seine Litanei ab, holte kurz Atem, begann von neuem.

Er war nach Tyville gekommen, um im neuen Jachthafen am Stadtrand Arbeit zu suchen. Ralph Priddie II kannte er nicht. Er hatte keinen Juwelier überfallen ...

Jethro Gordon, einer der stellvertretenden Staatsanwälte, schaffte den Durchbruch. Er war dabei, Zeugenaussagen zu lesen, als er plötzlich die Augen weit aufriß, einen röhrenden Schrei ausstieß, hochsprang und über die Straße zum Polizeipräsidium rannte. Farmer hätte sich selbst in den Hintern beißen können, als ihm Gordon den springenden Punkt erläuterte.

Sie alle waren von dem Umstand hypnotisiert gewesen, daß Mac keine Tasche hatte: der Portier hatte erklärt, daß er keine Tasche gehabt hatte, sondern nur einen Regenmantel, und der Zeitungsverkäufer hatte seine Aussage bestätigt.

Nun gut, Tasche oder nicht, der Räuber hatte die Überwachungskamera mit einem Regenmantel verhüllt, den die Polizei, noch darüberdrapiert, sichergestellt hatte. *Wo war also der Regenmantel des angeblich unschuldigen Macrae?*

Mac dachte darüber nach, während der junge Jethro Gordon vor Freude kochte. »Das müßten Sie doch wissen, Leutnant«, sagte Mac zu Farmer. »Ihre Leute haben ihn mir abgenommen, als sie mich in der Seitenstraße überfielen.« Und tatsächlich, der Regenmantel fand sich bei Macs anderen Besitztümern.

Leutnant Farmer wunderte nichts mehr, aber in diesem Augenblick war er geradezu niedergeschmettert von dem Bewußtsein, wie tief er in der Bredouille steckte. Schließlich blieb ihm nichts anderes übrig, als Mac laufen zu lassen; Ralph Priddie hatte natürlich einen Anwalt und war freigekommen, noch ehe sich der Tag des Überfalls seinem Ende zuneigte. Sein tapferer Versuch, den Räuber zu entwaffnen, machte ihn sogar zu einem Helden.

Normalerweise hätte Leutnant Farmer auf die Unterstützung von Versicherungsinspektoren mit all ihren außergesetzlichen, wenn auch nicht wirklich illegalen Kontakten und Möglichkeiten zählen können. Zu allem Überfluß stand ihm aber auch diese Hilfe nicht zur Verfügung.

Mit der Versicherung habe es Probleme gegeben, gab Ralph Priddie ungerührt zu. Die Police war nicht rechtzeitig erneuert worden und somit teilweise verfallen. Versicherungsschutz würde nur noch unter der Bedingung gewährt, daß der Besitzer oder Geschäftsführer und mindestens zwei Angestellte des Ladens während der Geschäftszeit anwesend sein mußten. Dank der überwiegenden Machtstellung eines der Partner hatte das Geschäft nach der Entlassung Jerry Ffiefers keine zwei Angestellten mehr. Der Überfall führte zu einem ganz ordinären Verlust; von der goldenen Nase der Versicherung war nichts abzuschürfen.

Ehe er ihn entließ, nahm Leutnant Farmer Mac beiseite. »Hören Sie, nichts für ungut«, log der Polizist, »aber ich weiß, daß Sie und Priddie das Ding gedreht haben.«

Mac starrte ihn mit ausdruckslosem Ochsenblick an.

»Er hat vom großen Geld geredet, große Versprechungen gemacht«, beharrte Farmer. »Aber Worte sind billig, mein Freund. Sie können das Zeug nicht an den Mann bringen – das muß Ihr Freund Priddie tun. Wissen Sie, was ich glaube? Den sehen Sie niemals wieder – und Ihr Geld auch nicht.«

Erfreut stellte er fest, daß Macraes Gesichtsfarbe hätte gesünder sein können.

»Wie kommen Sie dazu, mir solche Unterstellungen . . .« setzte sich Mac matt zur Wehr.

Farmer lachte schallend. »Aber wer unterstellt Ihnen denn was? Ich sag Ihnen doch nur, wie es ist. Klar wie Tinte, Macrae. Der bescheißt Sie, daß die Lichter ausgehen. Was schuldet er Ihnen denn noch, jetzt, wo alles vorbei ist? Und der Punkt ist doch der: Die Polizei können Sie ihm nicht auf den Hals hetzen, ohne daß Sie selber mit drinhängen. Wünsche 'nen schönen Tag.«

Farmer war sich nie ganz sicher, warum er dieses Manöver unternommen hatte. Wut war einer der Gründe, das gestand er sich ehrlich ein. Wut und die vage Hoffnung, Mac zu irgendeiner Dummheit zu verleiten. Aber der Bursche machte keinen Versuch, mit Ralph Priddie Kontakt aufzunehmen, und am späten Nachmittag saß er wieder im Bus nach Chicago.

Ein uniformierter Beamter schob die ganze Woche in der Gasse Patrouille, und Zivilfahnder beobachteten sie weitere zehn Tage. Priddie kam nicht einmal in die Nähe der Gasse, und von der Überwachung kam eine Serie gleichlautender Berichte. Nick Guidon hatte Ralphs Anteilsreste gekauft, um ihn an die Luft setzen zu können. Priddie blieb zu Hause und sah hauptsächlich fern.

Von der Stärke des Personals und den zur Verfügung stehenden Mitteln her sind einem Polizeidezernat gewisse Grenzen gesetzt, und mit den Jahren gibt es immer mehr Arbeit. Farmer behielt den Ex-Juwelier im Auge und bat einen Kollegen in Chicago, sich um Macrae zu kümmern. Außerdem gab er Priddies Paßnummer in den internationalen Computer ein und bat um Benachrichtigung im Fall einer Auslandsreise.

Aus Wochen wurde ein Jahr. Nick Guidon hatte öffentlich gelobt, Priddie ein jammervolles Leben zu bereiten, wenn er in Tyville blieb. Ralphs Heldenglorie verblaßte innerhalb weniger Tage. Über ihm schwebte ein Fragezeichen, und eine nach faulen Eiern riechende Aura umgab ihn. In seinem Alter und mit seiner Reputation bekam er keinen neuen Job.

Niemand konnte ihm einen Vorwurf machen, als er wegzog.

Tatsächlich bemerkte es gar niemand – bis auf Leutnant Farmer, der aber nichts dagegen tun konnte.

Auch für Mac reihte sich natürlich Woche an Woche. Nie bekam er Post, Telefonanrufe oder sonstige Mitteilungen, und so hatte er guten Grund, an Leutnant Farmers Prophezeiung zu denken – bis er so weit war, daß er sich nur noch wünschte, die ganze traurige Affäre vergessen zu können.

Der Winter kam, und mit ihm Beklemmung und ein hartnäckiger Husten. Mac fuhr per Anhalter nach Florida. Vielleicht gab es dort etwas für einen munteren Alten, der das Meer und sein Drumherum kannte. Aber Florida erfüllt nicht ganz die Erwartungen – auf jeden freien Posten kamen fünf Kubaner, die ebenso viel von der Schifffahrt verstanden wie Mac.

Halt- und ziellos wie ein Stoffetzen im Sturm zog Mac weiter und weiter bis er, der Ledertasche und den gestohlenen Juwelen nicht unähnlich, völlig verschwand.

Ralph Priddie ergab sich sinnlicher Freude: Er bohrte seine nackten Zehen in den heißen Sand und genoß das angenehme Scheuern der Palme in seinem Rücken, während er kühlen Weißwein schlürfte. Einiges davon rannte ihm über das Kinn und tropfte auf seinen stark gewölbten, rasch bräunenden Bauch.

Sanft rülpsend blinzelte er zum Strand hinunter, wo grüne, weißlich schäumende Wellen am Ende ihrer langen Reise ans südamerikanische Ufer schwappten. Zwei blonde Bikini-Mädchen winkten ihm zu. Zu träge, den Arm zu bewegen, ließ es Priddie als Antwort bei einem huldvollen Blick bewenden. Die Tinker-Schwestern waren wirklich lustig und machten auch sonst allerhand Spaß; er freute sich, daß sich der Urlaub wirklich so gut anließ, wie er es ihnen versprochen hatte.

Er streckte sich, wobei er das Glas auf seinem Nabel balancierte. Was Leutnant Farmer und Nick Guidon wohl trieben? Wie er gehört hatte, war Bess Uhlmstrang nun eine ungemein dominierende Mrs. Guidon. Außerdem verdiente sie im Juwelierladen ziemlich viel Geld. Ralph störte das nicht. Er war kein nachtragender Mensch.

Während er beobachtete, wie die beiden Mädchen in der Brandung herumhüpften, überlegte Ralph in einem kurzen Anflug von

Ernüchterung, wie es seinem alten Freund Mac wohl so ging. Zu spekulieren brauchte er da eigentlich nicht. Er wußte, was Mac trieb: Er schmorte.

Der gute alte Mac! Er hatte so einen latenten Zug zum Verbrecherischen, und dennoch bewahrte er einen naiven Glauben an Freundschaft und Dankbarkeitsschuld. Daß Ralph, nachdem er einmal vom Pfad der Tugend gewichen war, ein starkes Motiv für eine zweite, kühnere Untat haben würde, war ihm nie in den Sinn gekommen.

Eine Dankesschuld. Ja, Ralph war ihm verpflichtet, kein Zweifel. Eine brillante Idee von Mac, daß er das geklaute Zeug zunächst einmal an den Mann bringen und dann erst stehlen sollte.

Was das Datum des Raubes betraf, so stand es mit einem Feiertag in Zusammenhang. Ralph hatte Miss Uhlmstrang damit zu Tode gelangweilt, daß er ihr endlos mit seiner gemieteten Fischerhütte in Bottomless Lake in den Ohren lag und mit dem großen Fang, den er an diesem Wochenende zu machen gedenke. Und den hatte er ja auch gemacht.

Ralph lachte. Um vier Uhr hatten sie den Laden geschlossen. Um sieben hatte er dreißig Kilometer außerhalb der Stadt ein Auto gemietet, war zu einem ziemlich entfernten Flughafen gefahren und hatte dort mit seinem geborgten Paß eine Transatlantikmaschine bestiegen.

Dank Düsentempo und interkontinentaler Zeitdifferenz war es ihm möglich gewesen, seine Beute in Antwerpen zu verkaufen, für die Anlage des Geldes zu sorgen und so rechtzeitig zurückzukehren, daß er einen guten Teil des arbeitsfreien Montags am Bottomless Lake verbringen konnte. Als er am Dienstag in den Laden zurückkehrte, um sich berauben zu lassen, unterstrich ein kräftiger Sonnenbrand die Wahrheit seiner Geschichte.

Leutnant Farmers Männer hatten kein Diebesgut in der Seitenstraße gefunden, weil es schon mehr als einen Tag vorher verkauft worden war.

Macs Rolle war es gewesen, eine unverständliche Situation herbeizuführen, welche die Polizei aus der Bahn warf – indem er die Ledertasche mitsamt ihrem vermuteten Inhalt restlos verschwinden ließ.

Die Tasche hatte nie existiert. Mac hatte ein mit Wasserfarben überzeugend bemaltes Gebilde aus Pappe in seiner Zeitung versteckt, das er, unmittelbar bevor er den Laden betrat, in die richtige Form brachte und wieder plattdrückte, sobald sich auf dem Hinausweg die Rauchglastür hinter ihm geschlossen hatte.

Proben hatten ergeben, daß er nur ein paar Herzschläge lang brauchte, um das Gebilde in Fetzen zu reißen. Als er nach seinem Besuch des Zeitungsstandes in der Seitengasse und außer Sicht war, hatte Mac die Stücke mit der bemalten Seite nach unten zwischen die weggeworfenen Pizza-Schachteln gesteckt.

Ralph nickte, als er an Macs andere Glanznummer dachte – das große Regenmantel-Fiasko. Wie bei jedem Zaubertrick war die Erklärung eher enttäuschend; sie lag geradezu auf der Hand und stand in umgekehrtem Verhältnis zum Ausmaß seiner Wirkung. Mac hatte zwei dünne, billige, ineinandergefaltete Regenmäntel über dem Arm getragen. Der erste diente dazu, die Kamera zu bedecken und den Alarm auszulösen – sie hatten gewollt, daß sofort Polizei kam, denn ohne Publikum ist auch ein großer Auftritt nichts wert. Den zweiten hatte er im Windfang des Geschäfts hinter der äußeren Tür fallen lassen und später bei seiner Flucht, wieder an sich gerissen.

Ralph füllte von neuem sein Glas. Der Erlös für die Beute, in Belgien angelegt, während er zur Sicherheit stillhalten mußte, hatte bereits Zinsen getragen, als er dorthin zurückkehrte.

Wer, so fragte er sich, konnte schon der Versuchung widerstehen, den eigenen Anteil glatt zu verdoppeln, indem er den Partner einfach leer ausgehen ließ? Sicherlich nur ein Narr.

Bei dem Gedanken brach er in lautes Lachen aus und weckte den Mann, der neben ihm in der Sonne döste. Vielleicht war er ein Narr, dachte er, aber Mac war mehr als ein Partner. Ohne ihn hätte es kein Zauberkunststück gegeben, keinen Coup, keinen Wiedergewinn von Freiheit und Selbstachtung. Hätte er Mac ausgebootet, dann wäre das eine Art Selbstmord gewesen. Sie waren zwei Hälften eines Ganzen – eines Teams von Verlierern, das gemeinsam in einer Weise zuschlagen konnte, die für das Bankkonto des Opfers ebenso schmerzlich war wie für seinen Stolz.

Mac, tief gebräunt, stützte sich auf einen Ellbogen. Das Schwimmen, die Sonne und die Tinker-Schwestern, das alles hatte ihn ziemlich müde gemacht. Er blies den Sand von den Spielkarten, die verstreut auf seiner Wolldecke lagen, und fächerte sie mit strahlendem Lächeln auf.

»Hier, paß auf...« sagte er zu Ralph. »Wähl eine Karte – irgendeine.»

Originaltitel: NOW YOU SEE IT. 2/81
Übersetzt von Dolf Strasser

James Holding

Kunst für alle

Von einem auf Kunst spezialisierten Dieb kann man füglich erwarten, daß er die Preise kennt und die Auktionen genau verfolgt. Ich erlaubte mir also, an Signore Mario Rugerio in Luzern, Schweiz, folgenden Brief zu richten:

> Lieber Mr. Rugerio,
> als vor zehn Jahren das Richardson Museum of Art »Die Grablegung« von Antonello da Messina auf einer öffentlichen Auktion ersteigerte, war, wenn ich mich recht entsinne, Ihres das zweithöchste Gebot für dieses Gemälde.
> Aus diesem Grunde wende ich mich zuerst an Sie – ehe ich mit den anderen erfolglosen Bietern Verbindung aufnehme –, um Sie zu fragen, ob Sie Interesse hätten, Antonellos Bild für genau den von Ihnen vor zehn Jahren gebotenen Preis zu erwerben. Wenn ja, kann ich Ihnen das Gemälde liefern. Selbstverständlich werde ich nichts unternehmen, bis ich Nachricht von Ihnen erhalten habe. Bis dahin verbleibe ich, stets zu Ihren Diensten,
>
> Josef Smith, Box 1347
> Philadelphia, PA, USA

Selbstverständlich ist Joseph Smith nicht mein richtiger Name. Auch ist Box 1347 in Philadelphia nicht meine ständige Anschrift. Ich hatte das Postfach nur aus diesem besonderen Anlaß gemietet.

Signore Rugerio, da war ich sicher, würde meine Botschaft vollauf verstehen. Auf der Stelle würde er wissen, daß ich, wenn er zustimmend antwortete, Antonellos Gemälde aus dem Richardson Museum of Art stehlen und ihm für seine Privatsammlung verkaufen wollte.

Ich hatte nicht den leisesten Zweifel, daß die Kenntnis der ungesetzlichen Beschaffung eines von ihm sodann angekauften Gemäldes, Signore Rugerios Sammelleidenschaft auch nur einen Augenblick dämpfen würde. In Kunstdiebeskreisen hieß es allgemein, daß Rugerio schon zahlreichen anderen gestohlenen Alten

Meistern Obdach gewährt hatte und den Beschaffern schönen Profit. Alles, was ich jetzt tat, war also, daß ich ihm einen weiteren Alten Meister anbot, und zwar zu einem Preis, dem er wohl kaum widerstehen konnte. Das Gemälde war zehn Jahre zuvor für 260000 Dollar an das Richardson Museum gegangen. Seitdem hatte sich sein Wert zumindest verdoppelt.

Während ich also auf Signore Rugerios Antwort wartete, machte ich mich gründlich mit dem Richardson Museum of Art vertraut – mit seiner venezianischen Schule, der *Grablegung* von Antonello da Messina, der seltsamerweise, obwohl aus Sizilien stammend, als venezianischer Maler geführt wurde, vor allem aber mit den Alarmanlagen, welche die Sicherheit der besonders wertvollen Bilder gewährleisten sollten, die in der Galerie der Meisterwerke dieses Museums hingen. Die Galerie der Meisterwerke bestand aus einem einzigen großen Raum von etwa der halben Größe eines Hilton-Ballsaales; sie war Kernstück und künstlerischer Mittelpunkt des Museums. Durch Oberlichter und indirekte Beleuchtung erhellt, hingen siebenundsechzig Meisterwerke aller Schulen und Perioden geschickt plaziert an den großflächigen Wänden. Für einige dieser Meisterwerke hatte das Richardson Museum kunstsammelnde Multimillionäre aus Boston, Chicago, Pittsburgh und von der Westküste und sogar das Metropolitan Museum überboten. Freilich war das in der »guten alten Zeit« gewesen – ehe die finanziellen Mittel der Richardson-Stiftung jämmerlich geschwunden waren und das einst so solvente Museum völlig abhängig von Eintrittsgeldern und der Unterstützung örtlicher Mäzene wurde.

Signore Rugerios Antwort, die ich eine Woche später dem Postfach 1347 entnahm, war kurz und sachlich.

> Bin bereit, Ware zu den genannten Bedingungen zu übernehmen. Bitte um schnellstmögliche, persönliche Lieferung.
>
> Mario Rugerio, Villa Gelati
> Hitzlisbergstraße, Luzern, Schweiz

Als »schnellstmöglich« erwies sich der Thanksgiving Day, der Anfang eines langen Wochenendes in Amerika, in der Schweiz jedoch nur ein gewöhnlicher Werktag.

Auf dem Züricher Flughafen erwartete mich ein freundlicher

junger Mann mit einer schwarzen Limousine des Hotels *Montana* in Luzern, wo ich telefonisch auf den Namen Joseph Smith ein Zimmer bestellt hatte.

Während der landschaftlich schönen Fahrt durch Talwil und Zug nach Luzern zeigte sich mein junger Chauffeur als kompetenter Fremdenführer. Er vergaß nicht, die Vorzüge von Luzern und besonders diejenigen des Hotels *Montana* zu rühmen. Er war der Neffe des Hotelbesitzers.

Ich bekam ein Zimmer im dritten Stock zugewiesen und stellte erfreut fest, daß der kleine Balkon einen sehr hübschen Blick über den stillen See zu den Alpen eröffnete, deren Kämme die untergehende Sonne jetzt in leichtes Rosa tauchte.

Nachdem ich den Blick ein wenig genossen hatte, rief ich Rugerio in der Villa Gelati an. Obwohl ich ihm meinen Anruf telegrafisch angekündigt hatte, mußte ich erst mit einem Butler und einem Sekretär sprechen, ehe ich den Mann selbst an den Apparat bekam.

»Mr. Rugerio?« sagte ich. »Hier Joseph Smith.«

»Gut!« hörte ich seine tiefe, kehlige Stimme. »Irgendwelche Probleme?«

»Nein. Ich bin im *Montana* – Zimmer 312. Können Sie kommen?«

»Wann?«

»Etwa um elf, wenn Ihnen das recht ist. Nach dem Abendessen.«

»Gut. Elf Uhr.«

Ich räusperte mich. »Die Bezahlung wird meinen Vorschlag entsprechend geregelt?«

»Kein Problem. Barscheck, Schweizer Franken. Alles bereit.«

Sein geläufiges Englisch überraschte mich nicht. Es war bekannt, daß er ein Dutzend Jahre als Patisseur in einem Hotel in Miami gearbeitet hatte, ehe er nach Italien zurückkehrte und sich selbständig machte. Er hatte in Mailand eine Eisdiele eröffnet, in der er den Italienern als erster echte, nach eigenen Geheimrezepten bereitete amerikanische Ice Cream verkaufte. Er bot siebenundzwanzig Sorten an, alle zu vernünftigen Preisen. Aus seinem Gelati-Laden in Mailand war schließlich eine Kette von 2300 Eiskonditoreien geworden, die Rugerio so reich machten, daß er es sich leisten konnte, wahnwitzig teure Gemälde zu sammeln, als kosteten sie nicht mehr als einer seiner Eisbecher. Als Geste der Dankbarkeit gegenüber der

Quelle seines Reichtums und, wie ich vermutete, auch zu Reklamezwecken hatte er sein Luzerner Domizil »Villa Gelati« genannt.

»Und vergessen Sie den Scheck nicht«, sagte ich.

»Keine Angst, Smith«, lachte er kehlig. »In der Richardson Galerie haben Sie ja saubere Arbeit geleistet. Stand sogar hier bei uns in der Zeitung.«

»Ich weiß. Ein paar Einzelheiten finde ich ganz richtig beschrieben, aber darüber können wir uns ja unterhalten, sobald Sie hier sind.«

»Richtig. Also, elf Uhr, Zimmer 312.«

»In Ordnung. Und bringen Sie einen Regenschirm mit.«

»Einen Regenschirm? Es sieht nicht nach Regen aus.« Dann fiel der Groschen. »Okay, mit Regenschirm.«

Ich ging ins Restaurant hinunter, um zu Abend zu speisen.

Rugerio war pünktlich. Punkt elf Uhr klopfte es an der Tür.

Ich öffnete, bat ihn herein, schloß die Tür, sperrte sie zu und wies auf den einzigen bequemen Sessel im Zimmer.

Rugerio war klein und stämmig, dunkel und ungemein stark behaart. Sein Anzug schien zu eng an seinen massiven Unterarmen und Schenkeln anzuliegen. Im linken Ohr trug er ein kleines Hörgerät. Den Regenschirm hatte er mitgebracht.

Er ließ sich in den Sessel fallen und starrte mit einiger Überraschung auf die braune Papiertüte, die ich mir über den Kopf gestülpt hatte. »Karneval?« fragte er.

Ich sah ihn durch die Augenschlitze an, die ich in die Tüte geschnitten hatte. »Nur eine Vorsichtsmaßnahme, Mr. Rugerio. Sie gründet auf der schlichten Tatsache, daß man einen Dieb, den man niemals gesehen hat, später auch nicht identifizieren kann. Macht es Ihnen was aus?«

»Nein, nein, durchaus nicht.« Ein leicht amüsiertes Lächeln konnte er freilich nicht unterdrücken. »Als Sie das Dach der Richardson-Galerie aufschnitten, um mir die ›Grablegung‹ zu besorgen, hatten Sie die Tüte da auch auf dem Kopf?«

»Ich hab das Dach nicht aufgeschnitten.«

»Stand aber in den Zeitungen.«

»Es war ganz anders. Ich schraubte eines der Plastik-Lichtfenster los, ohne es zu beschädigen. Geschnitten habe ich nur das Bild – aus seinem Rahmen.«

Er zuckte die Achseln. »Wie auch immer. Und Sie nahmen denselben Rückweg?«

Die Antwort wäre nein gewesen, aber ich sagte: »Ich frage Sie auch nicht nach Ihren Ice Cream-Rezepten.«

»Schon gut. Ich bin nur neugierig. Jedenfalls müssen Sie verdammt tüchtig sein, wie Sie's auch angestellt haben mögen. Sie haben das Alarmsystem überlistet, das Bild genau zwischen den Rundgängen der Wärter geholt und waren längst weg, als jemand merkte, daß etwas nicht stimmte.«

»Ihr Tutti-Frutti-Eis schmeckt mir auch«, sagte ich. Die Papiertüte machte meine eigene Stimme dumpf und breiig. »Sie haben den Scheck?«

Er klopfte auf seine mächtige Brust. »Er ist hier. Und wo ist das Bild?«

Ich nahm meinen Koffer vom Gepäckständer, öffnete ihn und leerte den Inhalt aufs Bett: Schlafanzug, Morgenmantel, saubere Hemden, Krawatten, Socken, Rasierzeug und Unterwäsche. Dann führte ich die Klinge meines Taschenmessers unter den schmalen Kleberand des Kofferfutters und löste es vorsichtig.

Rugerio war aufgestanden und schaute mir über die Schulter. »Wirklich ein warmes Nest«, murmelte er.

»Aber nicht so warm, daß ich es nicht gut durch den Zoll gebracht hätte.«

»Ja«, sagte er und nickte zustimmend. Dann, als er einen Blick auf das geworfen hatte, was unter dem Kofferfutter verborgen gewesen war, entfuhr es ihm: »Mein Gott, ist das schön! Wie blaß war dagegen meine Erinnerung! Holen Sie's raus, Smith, damit ich es mir richtig ansehen kann.«

Sachte zog ich *Die Grablegung* aus ihrem Versteck. Mit feinen Reißnägeln hatte ich Antonellos Leinwand auf einer dünnen Sperrholzplatte befestigt, um sie plan zu halten; um sicherzustellen, daß das Meisterwerk den kurzen Aufenthalt in der Gepäckbucht des Flugzeuges gut überstand, hatte ich das Ganze in eine starke Kunststoffolie gehüllt. Jetzt nahm ich die Hülle ab und hielt das Bild unter die Leselampe neben meinem Bett.

»Zufrieden?« fragte ich.

Rugerio antwortete nicht gleich. Durch die Löcher in meiner Papiertüte konnte ich den Ausdruck seiner Augen deutlich erkennen. Er war hingerissen. Zentimeter für Zentimeter studierte er das Gemälde und ließ seinen Blick darüber gleiten wie den Strahl einer Taschenlampe über eine dunkle Wand. »Das ist es!« keuchte er schließlich in einem Ton, in dem sich Triumph und Ehrerbietung vermischten. »Das ist es, verdammt nochmal, Smith, das ist es!« Er nahm mir das Bild aus der Hand und hielt es seinerseits unter das Licht. »Und wie gottverdammt schön es ist!«

Noch eine ganze Weile gab er sich seiner Begeisterung hin. Mit seinen Äußerungen des Entzückens erinnerte er an einen kleinen Jungen, dem man ein neues Spielzeug geschenkt hatte.

Schließlich sagte er: »Wissen Sie was, Smith? Dieser Bursche war wirklich ein großer Maler, dieser Antonello. Wirklich großartig.«

»Sie müssen es wissen.«

»Ich weiß es. Und der Louvre weiß es auch und das Museum von Antwerpen und die Londoner National Gallery. Die haben alle Antonellos. Wußten Sie das? Und keiner von denen ist besser als der hier. Ich, Rugerio, ein kleiner, mickriger Zuckerbäcker – ich besitze einen Antonelle da Messina! Ich kann es einfach nicht glauben! Sie haben mir einen wertvollen Schatz gebracht, Smith. Jeder europäische Museumdirektor würde ein Auge für dieses Meisterwerk geben!«

»Während es Sie lediglich zweihundertfünfzig Riesen kostet«, sagte ich.

»In Schweizer Franken, ja. Und wissen Sie noch was, Smith?« Er war noch immer ganz außer sich vor Begeisterung. »Dieser Antonello war einer der ersten italienischen Maler, die Ölfarben verwendeten. Er gebrauchte sie, um seinem Tempera-Bildern diesen schönen Schimmer zu geben – hier, sehen Sie? Das hat er nicht in Venedig gelernt, Smith. Dazu mußte er zehn Jahre in Flandern verbringen.«

»Sehr interessant«, unbrach ich ihn. »Also, wo ist mein Scheck, wenn's Ihnen recht ist? Ich zähle meine Schweizer Franken, während Sie den Schimmer bewundern, ja?«

Über Rugerios dunkles Gesicht zog sich Röte. »Tut mir leid«, sagte er. »Manchmal vergesse ich mich einfach. Hier ist Ihr Geld.« Er holte den Scheck aus der Brusttasche und überreichte ihn mir. »Und danke für alles. Vielleicht kommen wir wieder mal ins Geschäft.«

Ich prüfte den Scheck. Er war in Ordnung. »Ja, vielleicht«, sagte ich. »Aber melden Sie sich nicht bei mir – ich melde mich bei Ihnen.« Ich steckte den Scheck in meine Brieftasche. »Ziehen Sie die Reißnägel raus, und wir rollen die Leinwand zusammen. Es schadet ihr nicht, wenn Sie sie zu Hause sofort plan aufziehen. Können Sie das?«

»Ja, kein Problem. Ich habe einen Kunsthistoriker auf meiner Gehaltsliste, der ein ausgezeichneter Experte im Restaurieren und Rahmen ist.« Rugerio lachte leise. »Ich nenne ihn meinen Sekretär. Sie sprachen schon am Telefon mit ihm.«

Ich nickte. Rugerio borgte mein Taschenmesser und löste die Reißnägel, die sein Meisterwerk auf dem dünnen Sperrholzbrett festhielten. Dann rollte er das Bild vorsichtig so zusammen, daß er es in seinen Regenschirm stecken konnte.

Schließlich wandte er sich wieder mir zu, hob triumphierend den Schirm und grinste. »Sie können Ihre Karnevalsmaske jetzt abnehmen, Smith«, sagte er. »Ich gehe.«

»Ciao«, sagte ich.

Auf der Januar-Sitzung des Verwaltungsrates des Richardson Museums hielt ich meine alte Rede, doch dieses Mal hörten alle aufmerksam zu.

»Gentlemen«, sagte ich, »und Lady«, – die »Lady« galt Barbara Richardson Harris, der Ur-Urenkelin des Gründers – »der Schatzmeister hat uns eben erklärt, daß unser Anspruch an die Versicherung für den Diebstahl der ›Grablegung‹ voll eingelöst wurde – zweihundertsechzigtausend Dollar. Bitte behalten Sie diese Zahl im Gedächtnis, wenn ich Sie jetzt wieder einmal an einige unangenehme Tatsachen erinnere. In England zum Beispiel werden jeden Monat Kunstwerke im Wert von mehr als achtzigtausend Dollar gestohlen. Die Gesamtzahl der in Italien seit dem Ende des Zweiten Weltkriegs gestohlenen Kunstschätze beläuft sich auf vierundvierzigtausend – sechsundzwanzigtausend davon wurden allein in den letzten acht Jahren entwendet. In den Vereinigten Staaten haben Kunstdiebstähle noch katastrophalere Ausmaße angenommen. Die Entwendung unseres Antonello ist nur ein kleines Beispiel, so folgenschwer sie für unser Museum auch ist.

Sie kennen die Entwicklung der Kunstpreise. Sie klettern in astronomische Höhen. Der Schätzwert vieler Alter Meister hat sich in den letzten Jahren vervierfacht. Haben Sie gelesen, daß Bouts ›Auferstehung‹ letzte Woche auf einer Auktion 3740000 Dollar erzielte? Wir haben einen gleichwertigen Bouts in Besitz. Und wissen Sie noch, was wir vor elf Jahren dafür bezahlten? Zweihunderttausend!

Und noch ein Faktum. Die Versicherungsprämien sind in den letzten zwei Jahren um zweihundert Prozent gestiegen. Die meisten Museen können deswegen ihre Kunstschätze nur noch für einen Bruchteil ihres wirklichen Wertes versichern.

Ich weise seit Jahren auf diese Tatsachen hin, aber Sie sind auf meine Bitten um eine angemessenere Versicherung unserer Gemälde nicht eingegangen. Ich weiß, daß unser Vermögen geschrumpft ist; unsere Einkünfte sind ständig zurückgegangen, und wir hatten kein Geld, um Versicherungsschutz in realistischer Höhe für unsere Exponate zu kriegen. Und jetzt komme ich zu unserem gestohlenen Antonello zurück. Vor zehn Jahren zahlten wir zweihundertsechzigtausend Dollar dafür und versicherten das Bild für den gleichen Betrag. Vor zwei Monaten ist es gestohlen worden. Weder Polizei noch Versicherungsfahnder waren imstande, den Dieb zu ermitteln oder den Aufbewahrungsort des Bildes ausfindig zu mchen. Und jetzt bekommen wir also läppische zweihundertsechzigtausend für ein Meisterwerk, das in Wirklichkeit drei- oder viermal so viel wert ist.

Vielleicht sollte uns dieser tragische Verlust eine schmerzhafte Lehre erteilen: Wenn wir unsere Meisterwerke nicht angemessener gegen Diebstahl, Feuer und mutwillige Beschädigung versichern, riskieren wir eine katastrophale finanzielle Einbuße, die das Ende dieser unserer kulturellen Institution bedeuten könnte!«

Ich hielt inne, nicht nur, um Atem zu holen, sondern auch um des dramatischen Effektes willen. »Deshalb«, fuhr ich dann fort, »erlaube ich mir, angesichts des Diebstahls, des tragischen Diebstahls unseres Antonellos und als Kurator des Richardson Museums, folgenden Vorschlag zu machen: Die Versicherungssumme soll nicht für Neuerwerbungen Verwendung finden, sondern zur Aufstockung der Versicherung unserer verbliebenen Meisterwerke auf ein realistisches Niveau dienen.«

Mein bei früheren Sitzungen stets verworfener Vorschlag wurde dieses Mal einstimmig angenommen. »Ich glaube«, sagte Barbara Richardson Harris nachher, »daß wir unserem Kurator, Dr. Marlowe, unseren Dank für sein unermüdliches Wirken im Sinne der Interessen unseres geliebten Museums aussprechen sollten!«

Nun, dachte ich, als ich ein wenig später durch die Galerie der Meister schlenderte, endlich habe ich es doch durchgesetzt. Es hatte lange genug gedauert.

Was aber, fragte ich mich besorgt, wenn die Kunstpreise weiter so stiegen wie in der jüngsten Vergangenheit? Von unseren kümmerlichen 260000 Dollar konnten wir die höheren Versicherungsprämien nur eine Zeitlang bezahlen. Was aber sollte danach geschehen?

Es schien nur zwei Möglichkeiten zu geben. Entweder mußten wir aus der Schweiz eine größere Zuwendung von einem unbekannten Wohltäter namens Joseph Smith bekommen – den Heimweg von Luzern hatte ich in Zürich lange genug unterbrochen, um auf einer dortigen Bank ein Nummernkonto eröffnen zu können – oder ich mußte einen weiteren Diebstahl aus dem Richardson Museum ins Werk setzen.

Zu meiner Überraschung stellte ich fest, daß ich eindeutig die zweite Möglichkeit bevorzugte.

Vor einem kleinen Bild von Duccio blieb ich stehen – einem Juwel erster Güte, wenn es auch einen leichten Zug zu der pietistischen Süßlichkeit aufwies, die der männliche Naturalismus eines Massacio später aus der italienischen Malerei verdammt hatte. Lange sah ich das Bild an.

»Ja«, entschied ich schließlich. »Das kommt als nächstes dran. Für die Sieneser Schule habe ich sowieso nie viel übriggehabt.«

Originaltitel: WORK OF ART. 2/81
Übersetzt von Dolf Strasser

John H. Dirckx

Erinnerungen an Paris

Miss Boyce speiste allein im Motel-Restaurant. Während der vergangenen vier Tage war es zwischen ihr und den anderen Mitgliedern der Reisegesellschaft allenfalls zu kurzen, nichtssagenden Gesprächen gekommen. Das galt auch für die beiden alleinreisenden Frauen – gerade für sie.

Das »Forty-One Winks« am Highway 41 entsprach dem, was sie inzwischen als Hotel-Unterkunft erwartete – höchstens drittklassig und zwanzig Kilometer vom Meer entfernt. Aber das Essen war hier besser als in dem protzig aufgemachten Beherbergungssilo in Orlando, in dem sie die letzte Nacht verbracht hatten.

Die Sullimans kamen herein und bestellten Drinks. Wie gewöhnlich machte ihr angestrengt ruhiges Verhalten den Eindruck, als hätten sie sich eben heftig gestritten. Im Bus und bei den Mahlzeiten saßen sie zwar beisammen, sonst aber hielten sie voneinander Abstand. Mr. Sullimans Hauptbeschäftigung war, zu erklären, daß sein Name nicht Sullivan war, während seine Frau einen großen Teil ihrer Zeit darauf verwendete, sich zu vergewissern, daß Stühle, Bänke und Autobussitze staubfrei waren, ehe sie sich darauf niederließ.

Die Gäste füllten nur ein Viertel des Restaurants, aber es war noch früh. Über die gedämpfte Konservenmusik und die Geräusche aus der Küche hinweg nahm Miss Boyce Töne jugendlichen Protests wahr. Sich unauffällig umwendend, sah sie am Tisch hinter ihr ein junges Paar; es zankte sich mit einem etwa vierjährigen Jungen, der entschlossen war, sich von seinem Stuhl unter den Tisch rutschen zu lassen. Seine ältere Schwester saß mit ernster Miene daneben und leckte an einem Salzstreuer. Gott sei Dank gehörten sie nicht zu ihrer Reisegesellschaft. Wie sagte doch Mr. Patterson, der stellvertretende Schuldirektor, so gern? »Die Hölle, das sind anderer Leute Kinder.«

Sie war froh, sich gegen das Dessert entschieden zu haben, als sie beim Verlassen des Restaurants Shelley Rudnik und Vera Talbot begegnete, die eben hereinkamen.

Später saß sie am Fenster ihres Eckzimmers und sah zu, wie sich das Zwielicht des Abends über eine aufgelassene Eisdiele, einen Autoteile-Laden und einen von Unkraut überwucherten Spielplatz senkte. Das alles hatte sicherlich nichts mit Paris gemein, wo sie bis vor einigen Monaten noch eine schöne Sommerwoche zu verleben gehofft hatte. Und sie überlegte mit gutmütiger Resignation, daß sie wohl nie mehr mit dem Französischen Club nach Paris kommen würde; der Elternbeirat und ein Ausschuß des Lehrerkollegiums hatten entschieden, daß vorerst keine Schulfahrten nach Europa stattfinden und man im eigenen Land bleiben würde. Natürlich, bei der letzten Fahrt waren die Dinge arg außer Kontrolle geraten. Sie selbst war die erste, die das einräumte.

Es klopfte an ihrer Tür. »Ja, wer ist da?« rief sie, aber das Geräusch der Klimaanlage übertönte die Antwort. Sie hängte die Sperrkette ein und öffnete die Tür.

»Wovor haben Sie Angst – vor dem Schwarzen Mann?« Es war Vera Talbot. »Darf ich hereinkommen?«

Miss Boyce löste die Sperrkette, machte die Türe auf und zog sich vor ihrer Besucherin in das kleine Zimmer zurück. Vera war frisch geschieden und hatte ein Alkohol-Problem. Sie ging zum Fenster, als wollte sie Miss Boyces Aussicht mit der eigenen vergleichen, wandte sich aber rasch wieder um.

»Wollen Sie sich nicht die Tour zu den Everglades mitmachen?«

»Ich glaube nicht. Eigentlich wollte ich morgen in Miami einkaufen und am späten Nachmittag vielleicht an den Strand gehen.«

»Aber das können Sie doch auch noch am Tag danach tun.«

»Und was ist dann mit dem Ausflug zu den Inseln?«

»Mr. Slade sagt, das lohne sich nicht. Wenn er die Tragflächenboote bloß sieht, wird ihm schon schlecht, meint er.«

»Wer ist Mr. Slade?«

Vera warf ihr einen Blick zu, der offenbar bedeutungsvoll wirken sollte. Miss Boyce vermittelte er aber nur den Eindruck, daß Vera ihr Augen-Make-up mit einem Handtuch aufgetragen hatte. »Ein Mann, den wir im Restaurant kennengelernt haben. Er handelt mit Fliesen und Teppichen.«

»Da sieht er sicher sehr interessant aus. Schade, daß ich ihn nicht bemerkt habe.«

Mit klirrenden Armbändern kam Shelley Rudnik zur Tür herein. »Fährt sie mit?« Ihr Blick ging rasch von Vera zu Miss Boyce. »Fahren Sie mit?«

»Ich weiß noch nicht.«

»Oh, Sie *müssen* mitfahren! Wenn sich bis neun Uhr nicht sechzehn Teilnehmer gemeldet haben, wird die Tour abgesagt. Es fehlen nur noch ein paar Leute. Kommen Sie – Sie wollen doch auch diese Alligatoren und das ganze Zeug sehen.«

»Ich werde es mir überlegen. Und wenn ich mich dazu entschließe, melde ich mich vor neun.« Als sie die Tür hinter ihnen schloß, sah sie, daß Mrs. Sulliman die Tür auf der gegenüberliegenden Seite des Korridors aufschloß. Das Zimmer war dunkel.

Als sie eine halbe Stunde später unterwegs in die Halle war, um sich für die Tour zu den Everglades zu melden, bemerkte sie Mr. Sulliman, der draußen in der feuchtwarmen Nacht genüßlich seine Pfeife rauchte. Auf seinem Gang um den menschenleeren Swimming-pool begleitete ihn Mr. Bang, ein ruhiger, zurückhaltender Orientale, der selbst jetzt, im Dunkel der Dämmerung, noch seine zwei teuren Kameras um den Hals hängen hatte.

Miss Boyce sah nicht unter ihrem Bett nach, ehe sie sich an diesem Abend schlafen legte. Indessen zog sie die Vorhänge zu, verschloß die Tür zum Korridor, hängte die Sperrkette ein und prüfte sorgfältig, ob die Verbindungstür zum Zimmer nebenan auch verriegelt war.

Sie schlief schlecht. Die Klimaanlage rumorte wie eine Betonmischmaschine. Mehrere Male wachte Miss Boyce plötzlich auf. Dann blieb sie ganz still liegen und lauschte, ob sich das Geräusch wiederholen würde, das sie geweckt hatte – offenbar war es aus dem Raum nebenan gekommen.

Am nächsten Morgen stand sie frühzeitig auf. Sie war froh, sich von der feuchten, zerknüllten Bettwäsche befreien zu können. Als sie ihr geblumtes Kunstfaser-Sonnenkleid ausschüttelte, das sie in Miami beim Einkaufen tragen wollte, stieg sie am Fuß des Bettes auf etwas Hartes. Es war einer von Shelleys Armreifen. Seltsam, daß sie ihn nicht schon am Abend zuvor entdeckt hatte.

Einer momentanen Anwandlung folgend, setzte sie sich beim

Frühstück an den Tisch der Chadwicks und bestellte Waffeln (keine Croissants wie in Paris, dachte sie sehnsüchtig). Die Chadwicks waren ein junges Paar, das sich einen Spaß daraus machte, die Mitreisenden ihre berufliche Tätigkeit raten zu lassen. Bislang war niemand der richtigen Antwort auch nur nahegekommen – behaupteten sie wenigstens.

»Sind Sie schon mal in den Everglades gewesen?« fragte Mr. Chadwick, während er seine Melone auslöffelte. Nein, antwortete Miss Boyce, noch nie. »Naß. Naß wie 'n ertrunkenes Schaf. Macht Spaghetti aus Ihrer Frisur«, sagte er. (Seine Frau hätte ihm sagen können, daß Miss Boyces silbrig-bronzene Haarpracht eine Perücke war – wenn er es nicht selbst wußte.) »Es regnet dort alle zwölf Minuten, und man kann kaum unterscheiden, ob das Wasser von oben oder unten kommt.«

Miss Boyce war überrascht, als Shelley und Vera sich nicht bei der kleinen Gruppe befanden, die sich auf dem Parkplatz Everglade-Tour versammelt hatte. Als die Leute dann in den Bus gestiegen waren und auf das Erscheinen des Führers warteten, kam Vera, einen breitkrempigen Strohhut auf dem Kopf, aus der Halle gerannt, stieg in den Bus und ließ sich auf einem der vorderen Sitze nieder.

Das Mittagessen nahmen sie in einem Restaurant namens »Angel's Pit Stop« ein, wo sie, wie Mr. Chadwick vorausgesagt hatte, ein Spürchen Fleisch zu ihrer Sauce bekamen. Als sie sich danach in einem Sessel ausruhte, kam Vera zu Miss Boyce und bat sie um Feuer. Miss Boyce holte ein Streichholzheftchen aus ihrer Handtasche, das sie im »Pit-Stop« für ihre vierzehnjährige Nichte eingesteckt hatte, der sie es für ihre Sammlung mitbringen wollte. »Wo ist Shelley?« fragte sie.

Vera schluckte Rauch und stieß dann einen seufzenden Laut aus. »Sie ist heute nacht nicht gekommen. Ich mußte ganz allein mit 'ner Flasche Brandy fertig werden.« (Sie sah danach aus.)

»Ein Mann«, fügte sie erklärend hinzu.

»Mr. Slade?«

Vera faßte sie scharf ins Auge. »Woher wissen Sie von ihm?«

»Sie erwähnten ihn gestern abend. Fliesen und Teppiche.«

»Ach ja, stimmt!«

Miss Boyce konnten der Everglade-Tour nicht viel abgewinnen.

Mr. Bang ließ in den weiten, monotonen Moorgebieten erbarmungslos seine Kamera klicken, während Mr. Chadwick ohne Unterlaß vor sich hinplapperte und über eine bestimmte Information beinahe in ein Handgemenge mit dem Führer geraten wäre. Als sie wieder ins »Forty-One Winks« zurückgekehrt waren, litt Miss Boyce unter furchtbaren Kopfschmerzen. Sie beschloß, sich vor dem Abendessen noch etwas hinzulegen.

Daß daraus nichts wurde, hatte sie dem Hoteldirektor zu verdanken. Seine Name war Rhodes. Wenn er auch ziemlich sympathisch aussah, so hatte er doch, wenn er nervös war, die unangenehme Gewohnheit, seine Finger derart zu kneten, daß sie vernehmlich knackten. Das tat er auch jetzt, als er sie in der Hotelhalle empfing. »Mrs. Boyce?«

Sie schloß einen Moment freundlich die Augen, grinste von Ohr zu Ohr und zeigte ihr »fröhliches Märtyrerlächeln«, wie ihr Bruder Harry es nannte. »*Miss* Boyce.«

»*Miss* Boyce – entschuldigen Sie bitte die Störung, aber es hat einen Unfall gegeben, und die Polizisten mußten in Ihr Zimmer. Sie sind jetzt noch dort.«

Sie starrte ihn an. »Was für einen Unfall?«

Rhodes hatte den Blick fest auf den Schlüssel in ihrer Hand geheftet. »Einer unserer Gäste – im Zimmer nebenan . . .«

»Was ist passiert?«

»Er ist tot.«

»Du lieber Himmel.« Sie schluckte. »Aber was wollten die Polizisten denn bei mir?«

Als der Mann antworten wollte, öffnete sich die Tür ihres Zimmers, und ein Kriminalbeamter trat auf den Korridor. Rhodes murmelte eine Vorstellung und verschwand. Miss Boyce hatte den Namen des Kriminalbeamten nicht ganz verstanden, aber sie folgte ihm auf seinen Wink hin ins Zimmer, wo ein uniformierter Polizist das Leintuch von ihrem Bett abzog. Er nahm eine Karte aus seiner Tasche. Es war die Meldekarte, die sie bei ihrer Ankunft am vorhergegangenen Tag an der Rezeption des Hotels ausgefüllt hatte.

»Womit beschäftigen Sie sich in Flint, Miss Boyce?«

»Ich bin Lehrerin an der High-School – europäische Geschichte und Französisch. Darf ich fragen, warum Sie mein Zimmer durchsuchen?«

»Natürlich. Das Zimmermädchen fand heute morgen etwa um zehn einen Toten im Raum nebenan.«

»Aber was hat das mit meinem Zimmer zu tun? Der Direktor sagte, es sei ein Unfall gewesen.«

»Ja, aber wahrscheinlich von der mörderischen Art. Kannten Sie den Mann?«

»Nein, nein. Ich glaube jedenfalls nicht.«

»Robert Cartmell. Trat auch unter dem Namen Robert Carter und Robin Cartwill auf.«

Sie starrte ihn verständnislos an. »Aber wozu hatte er denn drei Namen?«

»Mindestens drei. Weil er ein Strolch war – ein Betrüger und Schwindler, der in Colorado gesucht wird. Sie haben ihn nie gesehen oder mit ihm gesprochen?«

»Nein, das glaube ich kaum. Wie sah er denn aus?« Einen unangenehmen Moment lang fürchtete sie, man würde ihr die Leiche zeigen.

»In den Vierzigern – untersetzt, schmales Bärtchen, dunkelblondes Haar.«

Sie schüttelte den Kopf. »Er gehörte nicht zu der Gesellschaft, mit der ich fahre.«

»Das wissen wir. Er kam gestern von El Paso hier an. Sind Sie zu irgendeinem Zeitpunkt in seinem Zimmer gewesen?«

»Aber nein! Wie kommen Sie denn darauf?«

Er steckte ihre Meldekarte in seine Tasche zurück. »Kommen Sie mal. Keine Angst, die Leiche ist nicht mehr da.« Er öffnete die jetzt entriegelte Zwischentür und führte sie in das Zimmer nebenan. »Sehen Sie den Riegel auf dieser Seite? Er ist gebrochen – war es wahrscheinlich schon seit Monaten. Sind Sie sicher, daß auf Ihrer Seite verriegelt war?«

»Ganz sicher. Aber glauben Sie denn, daß der Mörder ...«

»Sofern der Mann ermordet wurde. Er war voller Alkohol und Barbiturate. Es könnte ein Unfall gewesen sein oder sogar Selbstmord, aber wir haben keine Tablettenröhrchen bei ihm gefunden, und deswegen neigen wir zu der Ansicht, daß es Mord war. Aber wir wissen nicht, was er in Miami suchte oder wen er hier kannte ...«

»Aber Sie glauben, daß, falls er ermordet wurde, sein Mörder durch mein Zimmer entwich?« Sie faßte sich mit der Hand an die Kehle.

Er führte sie in ihr Zimmer zurück, bat sie, sich zu setzen, und lehnte sich an die Kommode. Der uniformierte Polizist stand mit schmerzlich gelangweilter Miene am Fenster, die Arme über einer Plastiktüte verschränkt, in der die Bettwäsche war. »Wir wissen nicht, wie er rauskam – wahrscheinlich durch die zum Korridor führende Tür. Sie war unverschlossen; die Sperrkette war nicht eingehängt. Die Frage ist – wie kam er hinein?«

»Sie meinen, er könnte durch mein Zimmer bei ihm eingedrungen sein?«

»Ist außer Ihnen irgend jemand in diesem Zimmer gewesen, seit Sie gestern hier einzogen – vom Hotelpersonal abgesehen?«

»Ein paar Damen von der Reisegesellschaft kamen gestern abend für ein paar Minuten vorbei.«

»Verließen Sie den Raum, während die Damen hier waren?«

»Nein. Sie gingen nach ein paar Minuten wieder.«

»Ließen Sie jemals die Tür zum Korridor offenstehen, wenn Sie das Zimmer verließen– etwa um Eis zu holen oder so was?«

»Ja, allerdings! Die Tür klemmt, und ich ließ sie halb offen, als ich gestern abend in die Halle hinunterging, um mich für den Ausflug zu den Everglades zu melden, den wir heute gemacht haben. Aber das dauerte keine fünf Minunten.«

»Wissen Sie, ob die Verbindungstür nach Ihrer Rückkunft verschlossen war?«

»Ich achtete zunächst nicht darauf. Aber ich bin ziemlich sicher, daß sie verriegelt war, als ich zu Bett ing.«

»Und Sie versperrten dann auch die Tür, die zum Korridor führt?«

»Ja. Dessen bin ich mir absolut sicher.«

»Nahmen Sie gestern oder in der vergangenen Nacht irgend etwas aus dem Zimmer nebenan wahr – Stimmen, Geräusche, Fernsehton?«

Miss Boyce lockerte unaufdringlich die Schnürsenkel ihrer Schuhe. »Hier kann man außer der Klimaanlage nichts hören.«

Der Kriminalbeamte holte von neuem ihre Meldekarte hervor, besah sie und tippte sich damit an die Lippen.

»Darf ich Sie um einen Gefallen bitten, Miss Boyce?«

Sie zuckte die Achseln und setzte wieder ihr Märtyrerlächeln auf.

»Wir haben Ihr Gepäck noch nicht durchsucht – nur das Zimmer –, und dafür hatten wir vom Direktor grünes Licht. Wenn wir auf einen Durchsuchungsbefehl warten müssen, würde sich vielleicht Ihre Weiterreise verzögern, und wir wollen das ebenso wenig wie Sie.« Es klang so aufrichtig, als beteuere ein Versicherungsvertreter, wie sehr seine Gesellschaft sich freue, einen kostspieligen Schadensfall regulieren zu können. »Wenn Sie also erlauben, werfen wir einen Blick in Ihren Koffer und das Köfferchen im Bad und Ihre Handtasche ...«

Sie schickte sich in das Unvermeidliche. Die beiden Männer durchsuchten mit routinierter Geschicklichkeit ihren Koffer. Mit ihrem unverschlossenen Toilettenköfferchen waren sie so rasch fertig, daß Miss Boyce sicher war, daß sie es schon durchsucht hatten. Sie schüttelte den Inhalt ihrer Handtasche auf die Matratze und hielt sie dem Kriminalbeamten hin zum Beweis, daß sie leer war. Daß die beiden glaubten, Shelley Rudniks rot emaillierter Armreif gehörte zu ihren Sachen, empfand sie fast als Beleidigung.

Als die Polizisten gegangen waren, kam ein Zimmermädchen und machte ihr Bett. Mit einem seltsamen Gefühl der Befriedigung stieg Miss Boyce hinein und bestellte beim Zimmerservice ein Abendessen. Am nächsten Tag würde sie in Miami einkaufen gehen, ganz gleich, was geschah.

Sie war froh, nicht erwähnt zu haben, daß sie Shelleys Armreif in ihrem Zimmer gefunden hatte. Es hatte keinen Sinn, Shelley in einen Mordfall hineinzuziehen.

Sie dachte an das Frühjahr und Paris zurück – an die Anwandlung von Leichtsinn, die sie damals gepackt hatte, und daran, wie die vierzehnhundert Dollar, die sie für ihre Paris-Reise gespart hatte, auf vierhundert zusammengeschrumpft waren. Den Verlust des Geldes hatte sie gleichmütig hingenommen; bis sie ihre Selbstachtung wiedergewonnen hatte, hatte es etwas länger gedauert.

Sie hatte nicht erwartet, Robert jemals wiederzusehen. Robert Cartier hatte er sich genannt, als sie ihn auf einem Ballettabend kennengelernt hatte. Und wahrscheinlich hätte sie ihn auch nie wiedergesehen, hätte sie nicht am Abend zuvor aus unverbesserlicher Neugier heraus einen kleinen Ausflug in das Nachbarzimmer gemacht, nachdem sie festgestellt hatte, daß der Riegel auf der anderen Seite der Tür nicht funktionierte.

Und da hatte sie ihn gefunden, schnarchend mitten am Nachmittag, eine fast noch volle Flasche Tequila neben sich auf dem Nachttisch. Was für ein Schock das gewesen war! Und wie einfach und natürlich es schien, die Flasche mit ins eigene Zimmer zu nehmen und nach und nach ihre sämtlichen Schlaftabletten hineinzuleeren. Würde man es jemals finden, das Medizinfläschchen aus ihrer Apotheke mit ihrem Namen darauf? Wenn man nicht die ganzen Everglades trockenlegte, wohl kaum.

Irgendwie hatte sie das Gefühl, daß sie in der kommenden Nacht besser schlafen würde – auch ohne Tabletten.

Originaltitel: SIDE TRIP. 3/81
Übersetzt von Dolf Strasser

A. L. Howells

Mord, wie er im Buch steht

Er wußte, daß er es nicht mehr länger ertragen konnte. Seit Jahren hatte er sich das schon gesagt. An diesem Morgen aber, als er sich vor die zu lang gekochten Eier und den zu wenig gebräunten Toast setzte, war die Gewißheit plötzlich kristallklar geworden. Die gestärkte Tischdecke, der leicht säuerliche Kaffee, die künstlichen Blumen auf den Beistelltischchen, die Kurse in Judo und Ölmalerei – für sich gesehen war das alles nicht schlimm, zusammengenommen jedoch mehr, als er ertragen konnte. Es war Zeit. Er ließ die Eier stehen und machte sich auf den Weg zum Supermarkt, um die Donnerstag-Einkäufe zu erledigen.

Alexander Carey schrieb Kriminalromane und wußte, was zu tun war, wenn ein Mann seine Frau nicht mehr mochte. Sollte ich sie vergiften und stückweise an die Piranhas verfüttern wie in »Fisch ahoi!«? Nein, die Gefriertruhe war nicht groß genug, und die Fische konnten nur ein bestimmtes Quantum von ihr auf einmal bewältigen. Es ging ja nicht an, sie in der Garage vermodern zu lassen, dachte er scherzhaft. Eine Neigung zur Scherzhaftigkeit war eines seiner Lieblingscharakteristika für Mörder.

Vielleicht sollte er, wie in seinem demnächst erscheinenden Buch »Die Biene im Bowler-Hut« ihr Auto über die hohe Felsnase hinab in die Lindemeyer-Schlucht steuern und sich selbst mit dem Fallschirm in Sicherheit bringen, während sie in den Abgrund stürzte und in einem Flammenmeer umkam? Lieber doch nicht – er empfand Angst vor Höhen. Außerdem, wie seine Frau ganz zu Recht bemerkt hatte und er sofort hatte zugeben müssen – das Feuer, das alle Beweise vernichtete, würde das dürre Gestrüpp des Steilhanges in Brand setzen, und weil dieser Steilhang dem starken Wind dieser Gegend zugewandt war, würde dieser den Mörder unweigerlich in das Flammenmeer treiben, von dem er sodann verzehrt würde. Sie hatte vorgeschlagen, den Mörder einfach aus dem Auto springen zu lassen, ehe es in den Abgrund stürzte, aber das war ziemlich platt, wie ihr Alex sofort entgegengehalten hatte, und Geschichten von platten, gewöhnlichen Morden will niemand lesen. »Das Einfache wirkt am stärksten«, hatte sie im Weggehen gesagt. Jede Meinungsverschiedenheit beendete sie noch im Weggehen mit einem Klischee.

Ich erwürge sie, dachte er. Das würde mir Spaß machen. Ich zerquetsche ihre Pantoffeln und ihre Klischees und ihre verrückten Hobbies und ihren Hals. Der Butler in »Sturm im Banktresor« tat genau das. Und obwohl man ihm nichts beweisen konnte, wußte jeder, daß er der Täter war, und er wurde so von Schuldgefühlen verzehrt, daß er sich in eine große Industriewaschmaschine stürzte und dort ertrank. Wie konnte die Frau eines Schriftstellers so voller Klischees stecken? Aber was den Fallschirm anging, hatte sie recht. Das mußte er noch ändern, bevor das Manuskript an den Verlag ging.

»Kommen wir wieder zur Sache«, sagte Alex laut, als er das Auto auf den Parkplatz des Supermarktes steuerte. Wie bringe ich meine Frau um? Sein Lieblingsmord war immer der im »Hinterfuß des Elefanten« gewesen, wo die Täterin ihren Liebhaber auf den elektrischen Stuhl bringt, indem sie ihm weismacht, daß sie ein Vermögen erben und ihn heiraten und damit sehr reich und mächtig machen werde, wenn er nur ihren Halbbruder Elbert ermorde. Kriminalkommissar Sargent, der sich während der Untersuchung in sie verliebt, durchschaut erst Minuten vor der Hinrichtung den tückischen Plan und kommt zu spät, um das Unheil noch zu verhindern. Es war seine ungewöhnlichste Geschichte, denn am Ende siegte hier nicht die Gerechtigkeit.

Wie sollte er es anstellen, fragte er sich, während er Äpfel in eine Tüte packte. Vielleicht eine kleine Überdosis von den Pillen, die ihr der Arzt gegen ihre Hausfrauen-Schwermut gab? Aber mit Medikamenten ging sie sehr sorgfältig um. Er wählte ein schönes Bündel Karotten aus. Ich könnte ihr eine Extraportion von dem Mittel ins Essen tun, aber dann würde man bei der Autopsie keine Pillen in ihrem Magen finden. In »Pfefferminzrausch« überredete der Mörder seine Schwester, Vitamin C gegen ihre Erkältung zu nehmen, und praktizierte dann Gift in eine der Kapseln, dachte er, während er die Drogerie-Abteilung durchstreifte, aber Vitamin C in Kapseln war nirgends zu sehen. Er konnte sich in der Apotheke danach erkundigen, aber der Apotheker würde sich vielleicht an eine so ungewöhnliche Frage erinnern.

»Lassagne-Nudeln, Spaghetti, Hamburger und Tomatensauce«, las er auf dem Einkaufszettel. Wieder einmal eine italienische Woche. Zum Teufel mit ihrer langweiligen Kocherei. Und immer schneidet sie die Spaghetti klein, bevor sie sie aufträgt. Wie spießbürgerlich, langweilig, öde! Vorgetäuschter Selbstmord? »Lieber Alex, ich liebe dich, aber ich habe mich zu Tode gelangweilt! In Liebe, Deine Marie.« Er legte eine Packung vorgeschnitzelter Kartoffeln in den Einkaufswagen. Kochen kann sie auch nicht. Wenn ich mit der Schreiberei nicht vorankomme oder einfach mal was Gutes zu essen brauche, muß ich's selber kochen, wenn ich ausnahmsweise etwas Vernünftiges will. Er roch an einem Hühnchen, das nicht auf ihrer Liste stand. Morgen Hühnerfrikassee, versprach er sich selbst. In »Das scharlachrote Reserverad« stieß der Mörder seine Frau während ihrer zweiten Flitterwochen ins Ägäische Meer und wurde erst überführt, als ein auf Urlaub befindlicher Postbote seinen verlorengegangenen Manschettenknopf fand. Vielleicht ließe es sich einrichten, daß er und Marie ihre zweiten Flitterwochen an den Niagara-Fällen verbrachten – dort konnte man sehr tief fallen. Nutzlose Dinger, solche Manschettenknöpfe. Aber Marie würde sagen, daß es ihr zu Hause besser gefiel, und sie könnten doch einfach in den Klub Essen gehen. Ohne jede Romantik, die Frau. Er nahm die Hamburger und warf sie so heftig in seinen Wagen, daß eine andere Kundin ihn mit einem seltsamen Blick ansah. Er lächelte ihr höflich zu und ging rasch weiter. Aufdringliche Type.

Sie ist allergisch gegen Penicillin; ich könnte ihr angeschimmeltes Brot unterjubeln, dachte er, während er eine Packung klebriger Scheiben zu den anderen Sachen legte. In »Liebe im Triebwagen« war der Bruder gegen Milchprodukte allergisch, und der Mörder mischte ihm stark mit Curry gewürzten Joghurt in den indonesischen Reisbrei. Bevor ihm Privatdetektiv Jack Hart die Untaten nachweisen konnte, fiel er in seinem ererbten Gutshaus durch einen verrotteten Boden und wurde so trotz allem von der verdienten Strafe ereilt.

Die Nachspeise! fiel ihm ein. Marie mußte ihren Schokoladeneiskuchen haben. Auch er aß Schokoladeneiskuchen sehr gern, wehrte sich aber dagegen, ihrer Sucht Vorschub zu leisten.

An der Kasse stand ein junges Paar, das zusammen die Einkäufe gemacht hatte. Wartet nur, dachte er. Ihr werdet diese glücklichen Tage schon noch vergessen, und dann kommt Trägheit, ja Langeweile, vielleicht sogar Haß. Wie er wohl seine Frau umbringen würde? Mäuschen-Typ. Wahrscheinlich würde er alles ruhig ertragen, bis es ihm auf einmal zuviel wurde und er nicht mehr anders konnte, als sie mit dem Bratenmesser zu erdolchen. Was würde er dann mit der Leiche anfangen? Er könnte sie gut verpacken und mit Luftfracht in die Innere Mongolei schicken. Oder er könnte sich ein Alibi bauen – als Nachtwächter anheuern, sagen wir, die elektronische Stechuhr mit einem kleinen elektromagnetischen Gerät beeinflussen und um zwei Uhr morgens seine Rapportkarte stempeln, aber der Apparat würde sechs Uhr ausdrucken wie in »Der Eismann verschwand über die Hintertreppe«, und dann war Zeit, Marie zu verfrachten und zum Morgenkaffee wieder zu Hause zu sein, ehe er der Polizei ihr Verschwinden meldete. Allerdings würde er dazu die Hilfe eines Elektronikexperten benötigen, und die Zuziehung eines solchen Helfers war es, die das Verderben des Eismanns besiegelte.

Das junge Paar sprach mit dem Kassierer über das Wetter. »Was meinen Sie?« fragte der Ksssierer Alex.

»Unbedingt das Bratenmesser. Oh, entschuldigen Sie! Nein, nein. Ich glaube nicht, daß es regnen wird.« Diesen Plan sollte er wohl besser ad acta legen. Der Kassierer würde sich vielleicht erinnern und gegen ihn aussagen. Am Ende sind es immer ganz kleine Dinge, die alles kaputtmachen. Immer. In »Weiße Rosen für den Osterhasen« vergaß der Mörder, die Katze aus dem Haus zu jagen, die den Kuchen der alten Lady fraß, der mit den Giften getränkt war, die sie zur Unkrautvertilgung im Garten verwendete. Wenn er die Katze fortgeschickt hätte, hätte jeder geglaubt, die Dame sei unvorsichtig mit ihren Chemikalien umgegangen.

Argwöhnisch beobachtete er den Kassier, während dieser die Rechnung tippte, doch dieser ließ nicht erkennen, daß er Alex' seltsame Antwort bemerkt hatte. »Nein, nein, ich glaube wirklich nicht, daß es regnet!« sagte Alex, um das Gespräch fortzusetzen. Dieser gewisse Hang zu scherzen, dachte er. Der Kassierer warf einen Blick zu den tiefhängenden Wolken hinaus und lächelte freundlich.

Der Parkplatz war voll. Als Alex wegfuhr, überlegte er, ob er Marie vielleicht überfahren sollte. Unbeabsichtigt natürlich. Aber möglicherweise bekam er dann eine Anklage wegen fahrlässiger Tötung an den Hals, und bei der Verhandlung würde vielleicht der Kassier das Bratenmesser erwähnen – nein, besser nicht.

Er bog in ihre Hauseinfahrt ein, die bald nur noch die seine sein sollte. Trotz allem schön, daß jemand zu Hause war. Vielleicht sollte er es überhaupt bleiben lassen. Mit Einkaufstüten beladen, schlurfte er in das Haus und roch schon an der Tür, daß es wieder Konserven zum Mittagessen geben würde. Vielleicht sollte ich sie in der Badewanne ertränken.

»Marie, ich bin da.« rief er. »Bist du in der Badewanne?«

In »Argwohn im Abendrot« hatte er einen Onkel im Swimming-pool ertrinken lassen, aber er selbst hatte keinen Swimming-pool, und außerdem war der Tod des Onkels für die Handlung ohne Bedeutung gewesen.

»Bist du's Liebling? Ich bin in der Wanne. Sei ein guter Junge und räum' gleich die Einkäufe weg, ja?«

Er ließ seine Tüten auf den Eßzimmertisch fallen und steckte eine Dose mit Tomatensauce in den Geschirrspüler. Vielleicht könnte er, wie in »Das Rutabage-Rache-Syndrom« – nein, das würde nicht gehen. Er verstaute die Spaghetti im Tiefkühlfach, steckte ein Paket Knoblauch in die Brusttasche seines Jacketts und ging in sein Arbeitszimmer, um das Felsabsturz-Problem in »Die Biene im Bowler-Hut« zu durchdenken. Vielleicht konnte der Mörder Asbestunterwäsche tragen und ein ausgezeichneter Fallschirmspringer mit leichten Selbstmordneigungen sein. War es überhaupt möglich, Maries Tod wie Selbstmord aussehen zu lassen?

»Hallo, Liebling.« Marie kam herein, küßte ihn auf die Stirn und ließ dabei, dessen war er sich sicher, einen orangeroten Lippenstiftfleck zurück. »Hast du alles auf der Liste bekommen?«

»Ich glaube schon.« Vielleicht würde sie sich mit der Brotschneidemaschine die Hand abtrennen und daran verbluten.

»Soll ich dir das Essen heraufbringen, oder kommst du zu mir herunter?«

»Ich glaube, ich möchte jetzt diesen Roman abschließen; bring es mir bitte rauf.«

»Ein Schinken- und ein Käsepumpernickel. Schon unterwegs.«

Schade, daß sie sich nicht mehr für meine Arbeit interessiert. Sie würde sich hilflos, hoffnungs- und rettungslos wie eine Fliege in seinem Spinnennetz kühner Intrige verfangen. Das war seine Lieblingszeile in »Die vergiftete Nähmaschine«. Er lachte leise in sich hinein.

»Dein Sandwich, Liebling. Du hast die Blumen vergessen, die wir heute abend für die Marshalls brauchen. Ich besorge sie. Es dauert nicht lang.«

»Blumen?«

»Ja, sie standen auf der Liste. Daß wir heute abend bei den Marshalls zum Essen eingeladen sind, hast du doch nicht vergessen, oder?«

»Bei den Marshalls?« Das hatte Alex vergessen.

»Ja. Du erinnerst dich doch an Mr. Marshall, deinen Verleger?«

»Ach ja, natürlich.«

»Ungefähr um halb sieben müssen wir wegfahren, denn um halb acht sollen wir dort sein. Ich kümmere mich jetzt um die Blumen.«

Ich muß endlich zu einem Entschluß kommen, was ich mit ihr tun soll, sonst krieg ich dieses Buch niemals fertig. Heute abend soll ich Mr. Marshall die neue Handlung skizzieren. Wenn ich ihr mit dem sprichwörtlichen stumpfen Gegenstand eines über den Kopf gebe und es so aussehen lasse, als wäre ein Einbrecher der Täter gewesen, wobei ich bei den Marshalls sagen könnte, sie sei wegen Kopfschmerzen zu Hause geblieben, könnte ich immer noch in Verdacht geraten. Außer natürlich, ich schaffe mir ein Alibi, indem ich, wie in »In der Sommersaison zieht sich der Drache aufs Land zurück«, die Schaltuhr des Mikrowellenherdes auf sechs Uhr einstelle. Ich lege ein dreipfündiges Roastbeef hinein, Bratzeit eine halbe Stunde pro Pfund, anschließend fünfundvierzig Minuten Warmhalten. Gegen acht rufe ich von Marshalls aus an, stelle beunruhigt fest, daß niemand abhebt, melde es der Polizei. Wenn sie kommt, ist der Mikrowellenherd ausgeschaltet und das Fleisch zerbraten, wie sie es liebt, und die Polizei wird annehmen, daß sie um sieben Uhr, als ich bei den Marshalls meinen ersten Scotch mit Soda trank, das Roastbeef in den Ofen gelegt haben muß. Vielleicht sollte ich schon heute nachmittag melden, daß sich eine verdächtige Person um das Haus herumtreibt – dann wäre der Einbrecher heute abend plausibler. In der Geschichte schlug ihr der Mörder ein silbernes Schachbrett über den Kopf, und die außerordentlich große Spannweite seiner Hand, auf die er außerordentlich stolz war, hinterließ Abdrücke auf dem staubigen Brett, was Leutnant Ohio erlaubte, ihn zu überführen, indem er ihm eine mit Klebstoff verkleisterte Schallplatte gab und dann die Spannweite der Finger verglich. Was könnte ich ihr nur auf den Kopf schlagen? Einen Kerzenleuchter vielleicht? Nein. Es sei denn, er tat es im Eßzimmer. Er hatte daran gedacht, sie im Schlafzimmer zu überraschen, nachdem der Einbrecher das Silber gestohlen hatte und die Treppe hinaufstieg, um das herrliche türkise topasverzierte Kontaktlinsendöschen zu entwenden, das er ihr zu Weihnachten geschenkt hatte. Keinesfalls durfte er die Beleuchtung vergessen – um sieben würde sie eine Lampe einschalten. Was für ein geeignetes Tatwerkzeug gab es im Schlafzimmer? Schade, daß sie keinen zentnerschweren Kronleuchter hatten, der in tausend Stücke zerspringen würde, wenn er ihn auf sie herabsausen ließ. Sie loszuwerden ist schwieriger, als ich geglaubt hatte. In meinen Büchern schafft der Mörder das immer so leicht.

»Ich bin wieder da, Alex. Es ist schon spät, Liebling – wir sollten uns umziehen.«

Verdammt, weder mit ihr noch mit der Handlung von »Die Biene im Bowler-Hut« war er zu Rande gekommen. Nun, morgen war auch noch ein Tag; außerdem wurde gerade Ungeduld am Ende immer wieder dem Mörder zum Verhängnis. Warum konnte sie nicht den Finger in eine Glühlampenfassung stecken?

»Nicht diese Krawatte, Alex. Sie paßt nicht zu deinem Anzug.«

»Schön, was paßt dann zu meinem Anzug?« boshaftes Biest! Ständig mußte sie an seinem ausgeprägten Sinn für Farbkombinationen herumnörgeln.

»Mein lieber Freund, wann wirst du jemals lernen, was wozu paßt?« Marie hielt ihm eine dunkelbraune Krawatte mit gelben und rosafarbenen Tiersilhouetten hin. »Da, die ist besser. Wollen wir dann gehen?«

In der Dämmerung übte die Fahrt über die Landstraße eine besonders zerstreuende Wirkung auf Alex aus, und er war so sehr mit seinen Gedanken beschäftigt, daß er nicht auf die Tankanzeige achtete, bis der Motor zu stottern anfing und das Auto unmittelbar vor dem höchsten Punkt der Bergstraße ausrollte.

»Du hast wieder mal zu tanken vergessen, nicht wahr, Alex?«

»Scheint so. Du steuerst, und ich schiebe die paar Meter, bis es wieder abwärts geht. Dann können wir bis zur Tankstelle rollen.«

Villeicht sollte ich sie jetzt über die Kante der Felswand schieben. »Ich weiß nicht, was mit mir los war, Inspektor. Sie lenkte den Wagen einfach über die Böschung!« Zu dumm, daß die Bremsen so gut funktionieren. Das nächste Mal könnte ich sie präparieren.

»So, jetzt steig ein, Liebling!« Marie öffnete ihm die Beifahrertür.

Alex stieg ein.

»Weißt du, Alex, ich habe mir überlegt, wie du es in ›Die Biene im Bowler-Hut‹ einrichten könntest, daß es kein Feuer gibt, in dem der Fallschirmspringer verbrennt.«

»Tatsächlich? Seit wann interessierst du dich denn für meine Romane?«

»Ich glaube, der Mörder sollte das Benzin ausgehen lassen. Das Opfer müßte den Wagen bis zur Kuppe des Hügels schieben, und dann müßte ihn der Mörder über die Felswand hinabstürzen lassen!« Marie riß das Steuerrad herum.

Der Fallschirm öffnete sich, schwebte über dem zerschmetterten Auto und landete sicher. Marie legte ihn wieder zusammen, zog andere Schuhe an und machte sich auf den Rückweg zu ihrem Haus. Sie würde dort rechtzeitig ankommen, um kurz nach sieben die Marshalls anzurufen. Sie könne nicht kommen, würde sie sagen, doch Alex sei unterwegs. Dann würde sie das Manuskript von »Die Biene im Bowler-Hut« verbrennen, ehe die Marshalls zurückriefen und sie, von Panik erfaßt, der Polizei meldete, daß Alex vermißt sei. Die zweieinhalb Liter Benzin, die sie im Tank gelassen hatte, hatten das Auto drei Meter vor der Stelle zum Stehen gebracht, die sie bei ihren Testfahrten ermittelt hatte. Und der Fallschirmspringerkurs war sehr nützlich gewesen. Wirklich schade, daß Alex sich nicht mehr für ihre Hobbies interessiert hatte.

Originaltitel: MURDER BY THE BOOK. 3/82
Übersetzt von Dolf Strasser